◎2016 年广东省潮州市哲学社会科学“十三五”规划项目“潮汕方言童谣幼儿园教材开发研究”（项目编号：2016-C-02）
◎2017 年广东省潮州市哲学社会科学“十三五”规划项目“潮汕方言童谣传承的路径研究”（项目编号：2017-A-05）
◎2017 年韩山师范学院教学改革项目“潮汕方言童谣微课开发研究”（项目编号：2017HJGJCJY006）
◎2021 年“岭东人文创新应用研究中心”科研项目“基于大学生志愿者服务视角的潮汕童谣传承的探索与实践”（项目编号：PSA190209）

幼儿园潮汕童谣课程设计

主　编　陆宝君　王贵林　刘泽煊
副主编　庄丹虹　曾敬香　刘少玲

广东高等教育出版社
Guangdong Higher Education Press
·广州·

图书在版编目（CIP）数据

幼儿园潮汕童谣课程设计 / 陆宝君，王贵林，刘泽煊主编. —广州：广东高等教育出版社，2021. 12

ISBN 978-7-5361-6952-4

Ⅰ. ①幼…　Ⅱ. ①陆…　②王…　③刘…　Ⅲ. ①儿歌－学前教育－教学活动－教学设计　Ⅳ. ① G613.2

中国版本图书馆 CIP 数据核字（2020）第 256678 号

书　　名	幼儿园潮汕童谣课程设计 YOU'ERYUAN CHAOSHAN TONGYAO KECHENG SHEJI
出版发行	广东高等教育出版社 社址：广州市天河区林和西横路　电话：(020) 87551163 http：//www.gdgjs.com.cn
印　　刷	广东海洋印刷有限公司
开　　本	787 毫米 ×1 092 毫米　1/16
印　　张	14
字　　数	245 千
版　　次	2021 年 12 月第 1 版
印　　次	2021 年 12 月第 1 次
定　　价	36.00 元

如发现印装质量问题，请直接与印刷厂联系调换。

前言

童谣是民间歌谣的一个重要组成部分，“民间歌谣是劳动人民集体的口头诗歌创作，属于民间文学中可以歌唱和吟诵的韵文部分，它具有特殊的节奏、音韵、章句和曲调等形式特征，并以短小或比较短小的篇幅和抒情的性质与史诗、民间叙事诗、民间说唱等其他民间韵文样式区别”[①]。“童”即“童子”，“谣”即指无音乐伴奏的歌词。童谣可理解为“在符合幼儿的理解能力、生活经历、心理特征和品位感知的前提下，劳动人民及其子女以简洁生动的韵律写成，并流传于儿童中的一种口头短歌”[②]。“童谣从属于歌谣，而歌谣从属于民间文学；童谣又从属于儿歌，而儿歌是儿童文学中的一种体裁样式。所以，童谣是介乎民间文学与现代的儿童文学之间的一种边缘性体裁。”[③]童谣诙谐幽默、韵律感强、形式简短、朗朗上口，一代代人通过口耳目相传的方式流传下来，积淀了优秀的民族文化和地方特色，蕴含着丰富的教育内容。

潮汕童谣，又称潮语童谣、潮汕方言童谣、潮州童谣，“潮汕方言童谣是以潮汕方言为载体的一种用儿童的眼光观察事物、以儿童的

① 钟敬文. 民间文学概论 [M]. 上海：上海文艺出版社，1980：238.

② 施能婧. 上海地区幼儿园音乐教育中童谣活动的现状研究 [D]. 上海：华东师范大学，2014.

③ 冯丽军. 潮汕方言童谣研究中的两个问题：基于儿童文学视角 [J]. 韩山师范学院学报，2015（4）：8-11.

语言反映事物、传达儿童思想感情的潮汕民系歌谣”[①]。潮汕童谣是潮汕四市及海内外潮人同胞共同创造和形成的民间口头文学，是潮汕族群文化之一，是潮汕人民以短小儿歌形式传承知识和经验，以潮汕方言为载体记录身边的事物和生活的认知体验，用来娱乐身心、表达内心情感、适宜低龄儿童的说诵文学作品，反映了潮汕地区民众的思想、文化、情感与道德内容，展示了潮汕地区的人文特色，具有明显的民系族群地域特征，是潮汕文化的载体和表现形式，是一种具有较高文学价值、历史价值和民俗价值的地方民间文学体裁，是广东省省级非物质文化遗产——潮州歌谣的重要组成部分。

在传承中华优秀传统文化、保护非物质文化遗产、打造特色文化品牌、增强文化软实力的背景下，幼儿园作为一种极为重要的教育传承路径，应充分挖掘适宜的地方文化资源进行开发与运用。简短精练的潮汕童谣是一个开放的系统，需要学习者参与、创造才能释放魅力；幼儿的心灵也是一个开放的系统，在活动中操作、感受、体验、理解和移情，把自己的动作、情感、想象、语言融入潮汕童谣，不断地对童谣作品的形象和语言进行再现、补充、创造。这一学习、创造的过程就是两个开放系统相互作用的过程，不仅可以使潮汕童谣焕发出持续更新的生命力，也可以使幼儿被童谣作品中的精神特质所同化、顺应，继而对家乡本土文化萌发自豪感、成就感，产生文化认同和身份认同。

《完善中华优秀传统文化教育指导纲要》（教育部）指出：“鼓励各地各学校充分挖掘和利用本地中华优秀传统文化教育资源，开设专题的地方课程和校本课程…… 修订相关教材和组织编写中华优秀传统文化普及读物。……制作内容精、形式活、受欢迎的数字化课件。”[②]《关于实施中华优秀传统文化传承发展工程的意见》（中共中央办公厅、国务院办公厅）提出：“以幼儿、小学、中学教材为重点，构建中华

① 林朝虹. 潮语童谣的特点与儿童发展价值 [J]. 才智，2015（7）：299-300.

② 完善中华优秀传统文化教育指导纲要 [EB/OL].（2014-03-28）. http://old.moe.gov.cn//publicfiles/business/htmlfiles/moe/s7061/201404/xxgk_166543.html.

文化课程和教材体系……”[①]地方优秀传统文化课程的开发，教材建设是前提，合适的教材是其顺利实施的保证。据调查，当前市场上并没有专门的潮汕童谣教材[②]，进行潮汕童谣或潮汕文化教材开发的幼儿园极少，而大部分的幼儿园教师比较依赖教材来开展教育活动，特别是广大的乡镇幼儿园，这种情况引发了潮汕童谣幼儿园课题组的关注。基于对地方文化承担启蒙教育使命的幼儿园在潮汕童谣的保护与传承的角色与功能等问题的思考，课题组组织大学生调研小组深入潮州市幼儿园进行调研，获取真实可靠的数据资料以呈现潮汕童谣开展现状与教育资源现状。通过邀请幼儿园教师和高校学前教育专业的学生共同参与到潮汕童谣教材的开发队伍中，在有意义学习等理论的指引下，在理解潮汕童谣的基础上，我们尝试对潮汕童谣进行教材及微课等配套资源的开发。经过近几年的不懈努力，我们不仅对潮汕童谣所蕴含的思想精华和道德精髓有了更为清楚和深切的认识，还在文化认同、文化自信和文化精神涵养上有了进一步的提升。现将我们努力的成果集结成书，接受大家的审阅。本书分为理论篇和实践篇，理论篇由陆宝君撰写；实践篇编写成员包括（排名按作品顺序）：王丽君、黄文慧、郑洁茹、谢礼玉、陈若娜、庄泽君、卢淑珍、黄丽、黄绍清、陈沁玫、王梓瑜、洪晓銮、林敏、陈梓雯、纪蔚旋、李旭妍、郑晓燕、罗泽娟、洪敏、张佩宜、王舒琪、陆小兰、倪蔚冰、黄婵恋、郑雯姗、陆宝君、曾燕婷、吴泽敏、杨铿枫。全书由陆宝君、王贵林、刘泽煊、庄丹虹、曾敬香、刘少玲统稿完成。希望此抛砖引玉之举能引起更多的人对潮汕童谣及其承载的地方文化的关注，因为地方文化的保护与传承需要你我他共同的努力。

---

① 关于实施中华优秀传统文化传承发展工程的意见 [EB/OL].（2017-01-25）. http://cpc.people.com.cn/n1/2017/0125/c64094-29049531.html.

② 本数据来源于 2016 年、2018 年、2019 年暑假的调研数据，详见后文。

目录

理论篇

实践篇

理论篇

潮汕童谣幼儿园教程开发的现实诉求

一、国家方针政策的要求

中华优秀传统文化源远流长，积淀了中华民族最深沉的精神追求，包含着中华民族最根本的精神基因，蕴含着中华民族最基本的精神基础，代表着中华民族独特的精神标识，是中华民族生生不息、发展壮大的丰厚滋养，是加强社会主义核心价值观的宝贵思想资源。习近平总书记指出："优秀传统文化是一个国家、一个民族传承和发展的根本，如果丢掉了，就割断了精神命脉。"[①]党的十九大报告指出："文化是一个国家、一个民族的灵魂。文化兴国运兴，文化强民族强。没有高度的文化自信，没有文化的繁荣兴盛，就没有中华民族伟大复兴。……中国特色社会主义文化，源自于中华民族五千多年文明历史所孕育的中华优秀传统文化，熔铸于党领导人民在革命、建设、改革中创造的革命文化和社会主义先进文化，植根于中国特色社会主义伟大实践。"[②]中宣部负责人指出："优秀传统文化只有全方位融入国民教育各个领域、各个环节，与人民生产生活深度融合，才能有长久生命力，真正实现活起来、传下去。"[③]中共中央办公厅、教育部等部门先后颁布了系列文件，将中华优秀传统文化的传承与发扬提高到国家建设发展的重要地位，对加强中华优秀传统文化教育、建设中华优秀传统文化传承体系提出了具体的要求。《关于培育和践行社会主义核心价值观的意见》提出要"增加国民教育中优秀传统文化课程内容，分阶段有序推进学校优秀传统文化教育"[④]；《完善中华优秀传统文化教育指导纲要》提出"鼓励各地各学校充分挖掘和利用本地中华优秀传统文化教育资源，开设专题的地方课程和校本课程……修订相关教材和组织编写中华优秀传统文化普及读物。根据修订后

① 2014 年 9 月 24 日，习近平在纪念孔子诞辰 2565 周年国际学术研讨会暨国际儒学联合会第五届会员大会开幕会上的讲话。

② 习近平.决胜全面建成小康社会 夺取新时代中国特色社会主义伟大胜利：在中国共产党第十九次全国代表大会上的报告 [EB/OL].（2017-10-27）. http://politics.gmw.cn/2017-10/27/content_26628091.htm.

③ 中宣部.《关于实施中华优秀传统文化传承发展工程的意见》答记者问 [N]. 新华社，2017-02-06.

④ 关于培育和践行社会主义核心价值观的意见 [EB/OL].（2013-12-24）. http://cpc.people.com.cn/n/2013/1224/c64387-23926146.html.

的中小学课程标准，修订相关教材。制作内容精、形式活、受欢迎的数字化课件”[①]；《关于实施中华优秀传统文化传承发展工程的意见》将贯穿国民教育始终作为实施中华优秀传统文化传承发展的重要任务之一，提出“围绕立德树人根本任务，遵循学生认知规律和教育教学规律，按照一体化、分学段、有序推进的原则，把中华优秀传统文化全方位融入思想道德教育、文化知识教育、艺术体育教育、社会实践教育各环节，贯穿于启蒙教育、基础教育、职业教育、高等教育、继续教育各领域。以幼儿、小学、中学教材为重点，构建中华文化课程和教材体系……大力推广和规范使用国家通用语言文字，保护传承方言文化……挖掘和保护乡土文化资源，建设新乡贤文化，培育和扶持乡村文化骨干，提升乡土文化内涵，形成良性乡村文化生态，让子孙后代记得住乡愁”[②]。作为承担学龄前启蒙教育的幼儿园需参考小学低年级“以培育学生对中华优秀传统文化的亲切感为重点，开展启蒙教育，培养学生热爱中华优秀传统文化的感情”[③]的要求为准则，将中华优秀传统文化融入幼儿园课程建设之中，以教材建设为切入点，加快幼儿园中华优秀传统文化课程建设。

二、潮州文化传承的迫切性

就文化发展本身而言，存在着对历史与现实的多种可能性和多种表述方式，某些文化可能在某一时代是以一种主流文化的姿态出现，代表着占统治地位的叙述与解释；另一些文化则可能是作为主流文化的补充或对应而存在。因此，关注民间的、边缘的或者地方性的文化，既是对历史和当下文化的一种实证态度，也是建设良好文化生态平衡的需要，更是现代人类社会文明的必然诉求。中华优秀传统文化是由丰富多样、各具特色的地域文化和民族文化在漫长的历史发展过程中共同形成的，隶属于岭南文化的潮汕文化地域特色鲜明、历史悠久、内涵丰富，是中华优秀传统文化不可或缺的组成部分。潮汕文化多个项目被列入国家级、省级非物质文化遗产保护名录，关注潮汕文化的保护与传承是新时代的必然要求，需要我们在文化解读的基础上，赋予新时代的内涵，充分挖掘潮汕文化的思想熏陶和文化教育功能，建设、创新本土文化的传承体系。

① 完善中华优秀传统文化教育指导纲要 [EB/OL].（2014-03-28）. http://www.moe.gov.cn/srcsite/A13/s7061/201403/t20140328_166543.html.

②③ 关于实施中华优秀传统文化传承发展工程的意见 [EB/OL].（2017-01-25）. http://cpc.people.com.cn/n1/2017/0125/c64094-29049531.html.

语言是人类进行思维和表达交流思想的工具，也是文化内容的载体，更是群体身份的重要标志。潮汕方言是潮汕文化中最具表象化和表现力的文化内容之一，即潮汕方言是潮汕文化的外在载体和表征。华南师范大学政治与行政学院学生课外科研课题调查发现，有 66.02% 的青年学生经常 (46.47%) 或偶尔 (19.55%) 遇到难以用潮汕话表达的情况……接近 60% 的受访者表示很少或不使用潮汕谚语和俗语[①]。共同语的普及势必缩小方言的使用范围，削弱方言的交际等功能，潮汕方言已逐渐失去生存的语言环境和社会文化环境。学者郑维铭（2008）指出，“潮汕话中那些富有特色的具有‘语言化石’意义的用词用语和表达方式正在逐渐消失”[②]。潮汕方言的弱化与式微对以方言为载体的潮汕文化将是致命的一击，也将导致“潮人”身份认同度的降低，甚至是身份认同的危机，无法产生集体文化自我，而将自己视若陌生人的他者。

以潮汕方言为载体的民间文学——潮州歌谣于 2015 年被列为广东省省级非物质文化遗产，潮汕童谣是其重要的组成部分，具有明显的民系族群地域特征，承载着独具地方特色的潮汕文化，千百年来以口耳相传的方式在许许多多的潮汕家庭中传承，是潮汕孩童最先学会的民系童谣。在当前多元文化的碰撞下，潮汕童谣几乎被遗忘而陷于生存困境，对其进行保护与传承已是迫在眉睫。

三、潮汕童谣在幼儿园传承的可行性

在优秀传统文化传承的过程中，教育是一种极为重要的传播路径，幼儿园是启蒙教育的专业场所，拥有专业的师资队伍和丰富多样的活动材料。在学前儿童自我评价尚未建立、审美素养和审美心理结构初步形成阶段，若能将优秀传统文化施以专业的教育与引导，对其一生的影响将是深远而持久的。暨南大学甘于恩教授说：“（广东）三大方言区都有不少老百姓耳熟能详、喜闻乐见的方言童谣，方言童谣都与方言区人民的日常生活密切相关，反映儿童生活的点点滴滴，承载着成年人的童年记忆。因此，童谣不单是儿童文学的组成部分，也是地方文化不可或缺的部分。”[③]潮汕童谣作为地方优秀传统文化作品，语言简短精练、朗朗上口，描绘的形象具体生动、富有童真童趣，内容贴近生活，具有“情感的游戏趣味性、内容的随意多样性、语言的音韵和谐性”[④]等特征，对学前儿童来说，具有“养德、启智、促知、助

①② 郑维铭．方言的文化意蕴及方言当前面临的窘境：以潮汕话等方言为例 [J]. 武陵学刊，2010（3）：127-130.

③ 余冬毅，洪菲，林朝虹．潮汕童谣画你知 [M]. 广州：新世纪出版社，2018：6.

④ 冯丽军．略论潮汕方言童谣的文学特征 [J]. 韩山师范学院学报，2015（5）：106-109.

长以及培育民系文化认同感等发展价值”①，还可“协调儿童的左右脑发展、培养儿童的创造力”②，“对儿童的语音发展、词汇发展，特别是儿童语感的建构都有着极其重要的作用”③，所以，潮汕童谣非常适合作为学前儿童学习和感受民间语言丰富与优美的文学素材，幼儿园可将潮汕童谣作为优秀的民间文学教育资源进行开发与运用，通过多种活动帮助幼儿加深对民间文学作品的体验和理解。

通过幼儿园教师的筛选、解读，有目的、有计划地设计教育活动并加以实施、调整、修订、完善等一系列专业教育行为，不仅有利于增强学前儿童对本区域语言文化的感悟能力，更有利于学前儿童对潮汕童谣及其承载的文化有更加准确的理解和更高度的认同，而这正是文化自信的根源。因此，幼儿园专业的潮汕童谣教育不仅可培育教师、家长和幼儿的文化自信，还可弥补家庭教育传承的缺失。

四、潮汕童谣幼儿园教程开发的急切性

具有地方文化特色的教材是优秀传统文化课程开发与顺利实施的关键，《完善中华优秀传统文化教育指导纲要》（教社科〔2014〕3号）指出：“鼓励各地各学校充分挖掘和利用本地中华优秀传统文化教育资源，开设专题的地方课程和校本课程……修订相关教材和组织编写中华优秀传统文化普及读物。……制作内容精、形式活、受欢迎的数字化课件。”④《关于实施中华优秀传统文化传承发展工程的意见》（中共中央办公厅、国务院办公厅印发）提出“以幼儿、小学、中学教材为重点，构建中华文化课程和教材体系……”⑤合适的教材是地方优秀传统文化课程开发与顺利实施的保证。据2016年、2018年、2019年暑假针对潮州市幼儿园、书店等线下实体店的调查，当前潮州市文化产业市场上并没有专门的潮汕童谣教材或面向学前教育阶段的潮汕文化教材，调研时我们也了解到大部分幼儿园教师比较依赖教材，特别是广大的乡镇幼儿园，在文化多样性保护、文化自信、“非遗”保护等背景下，面向低龄儿童的潮汕童谣或潮汕文化教材的开发是极为迫切的。

---

① 林朝虹．潮语童谣的特点与儿童发展价值 [J]. 才智，2015（7）：299–300.

② 冯丽军．试论童谣与学前儿童创造力培养之间的关系：以潮汕方言童谣为例 [J]. 白城师范学院学报，2017（11）：60–64.

③ 冯丽军．试论潮汕方言童谣与儿童的语言获得 [J]. 韩山师范学院学报，2016（5）：22–25.

④ 完善中华优秀传统文化教育指导纲要 [EB/OL].（2014–03–28）. http://www.moe.gov.cn/srcsite/A13/s7061/201403/t20140328_166543.html.

⑤ 关于实施中华优秀传统文化传承发展工程的意见 [EB/OL].（2017–01–25）. http://cpc.people.com.cn/n1/2017/0125/c64094–29049531.html.

潮汕童谣幼儿园教程开发的理论基础

一、杜威的“教育即生活”理论

教育能传递人类积累的经验，丰富人类经验的内容，增强经验指导生活和适应社会的能力，从而维系和发展社会生活。从广义上讲，个人在社会生活中与人接触、相互影响、逐步扩大和改进经验，养成道德品质和习得知识技能。由于改造经验必须紧密地和生活结为一体，而且改造经验能够促使个人成长，美国教育家杜威从教育与社会生活的关系的角度提出“教育的本质即生活、生长、经验改造”，他认为一切事物的存在都是人与环境相互作用产生的，人不能脱离环境，学校也不能脱离眼前的生活。因此，教育即生活本身，而不是为未来的生活做准备。缘于此，杜威以教育是生活、生长和经验改造的理论为基础，提出对教材和教法的建议。

（1）在教材选择上，杜威建议“学校科目的相互联系的真正中心，不是科学……而是儿童本身的社会活动”。具体地讲是学校安排种种作业，把基本的人类事物引进学校里来，作为学校的教材。

（2）在教学方法上，杜威主张的“从做中学”是他所认定的一切教学活动的核心原则，他认为儿童不从活动而由听课和读书所获得的知识是虚渺的。对于学前儿童来说，直接的材料操作引发的可视结果是有趣的，能满足好奇心探索需要的，引导儿童参与活动，激发儿童的本能和创造、交际、表现、探索等兴趣，使儿童乐于学习、享受教育过程是教育的价值所在。

二、维果茨基的文化历史发展理论

苏联心理学家、文化历史学派代表性人物维果茨基认为心理发展是个体从出生到成年，在生活环境和教育环境的影响下，由低级心理机能逐步进化到高级心理机能的过程。由低级机能向高级机能转化有四个主要特点。

（1）随意机能的发展。随意性是指心理活动的主动性、有益性，不是被动地接受而是主动地适应。随意性是由主体按照预定的目的而自觉引发的心理活动。

（2）抽象—概括机能的提高。儿童随着知识经验的增长，将逐渐由直观的、感性的思维向抽象的、理性的思维过渡。

（3）各种心理机能之间的关系不断变化、重组，形成间接的、以符号为中介的心理结构。

（4）心理活动的个性化。个性的形成是高级心理机能发展的重要标志，个性特点对其他机能的发展具有重要的作用。

人的高级心理活动起源于社会的交互作用，是各种活动、社会性相互作用不断内化的结果，文化工具和活动影响个体的发展和学习，儿童的认知发展更多依赖于周围人们的帮助，儿童的知识、思想、态度、价值观都是在与他人的交往过程中发展起来的，儿童发展的情况取决于他们学习的方式和内容。因此，文化历史学派强调知识是基于社会相互作用和经验而建构的，知识反映外部世界，但受文化、语言、信念、与他人相互作用的影响。因此，通过广泛地参与社会活动，儿童体验到（内化）由别人共同工作产生的成果。

三、奥苏贝尔的有意义学习理论

美国认知教育心理学家奥苏贝尔明确提出学生学习应突出三大特点：学习者的主观能动性、语言的中介作用、人类学习是个体经验的形式。他根据学习进行的方式，把学习分为接受学习和发现学习，又根据学习材料与学习者原有认知结构的关系，把学习分为机械学习和有意义学习。机械学习就是正在进行的学习没有与原来已有的知识建立联系。有意义学习是指当前的学习与原来已有的知识建立了联系，其心理机制是同化，核心是学生能否习得新信息，这主要取决于他们认知结构中已有的有关概念，通过新信息与学生认知结构中的已有概念的相互作用得以发生有意义的学习。因此，有意义学习的实质是以符号所代表的新知识与学习者认知结构中已有的适当观念，建立非人为的和实质性的联系。所谓实质性联系是指表达的词语虽然不同，但却是等值的，即这种联系是非字面的联系。非人为联系是指有内在联系而不是任意的联想或联系，即新知识与原有认知结构中有关的观念建立在某种合理的逻辑基础上的联系。

四、建构主义学习理论

社会建构主义认为，学习是一个文化参与的过程，学习者通过参与到某个共同体的实践活动来建构有关的知识。学习不仅是个体对学习内容的主动加工，而且需要学习者进行合作互助。因此，社会建构主义更关注学习和知识建构背后的社会文化机制，认为不同文化、不同环境下个体的学习和问题的解决之间存在着很大的不同。

1. 知识观

建构主义认为，知识不是对现实的纯粹客观的反映，只不过是人们对客观世界的一种解释、假设或假说，将随着人们认识程度的深入而不断地变革、深化，出现新的解释和假设。在具体问题的解决中，需要针对具体问题的情境对原有知识进行再加工和再创造。另外，尽管语言赋予了知识一定的外在形式，并且获得了较为普遍的认同，但这并不意味着学习者对这种知识有同样的理解。因为对知识的理解，还需要个体基于自己的知识经验而建构，还需要取决于特定情境下的学习历程。

2. 学习观

学习是学生自己建构知识的过程。学生不是简单被动地接收信息，而是主动地建构知识的意义。学习是学习者根据自己的经验背景，对外部信息进行主动地选择、加工和处理，学习者对所接受到的信息进行解释，生成个人的意义或者是自己的理解。建构主义主张世界是客观存在的，但对世界的理解和赋予意义却是由每个人自己决定的，人以自己的经验为基础来建构现实，由于个人头脑中已有的知识经验不同，调动的知识经验相异，对所接收到的信息的解释就不同。

3. 教学观

教学不能无视学习者已有的知识经验，不能简单地、强硬地从外部对学习者实施知识的“填灌”，而是应该把学习者原有的知识经验作为新知识的生长点，引导学习者从原有的知识经验中，主动建构新的知识经验。教学不是知识的传递，而是知识的处理和转换。教师与学生、学生与学生之间，需要共同针对某些问题进行探索，并在探索的过程中相互交流和质疑。

潮汕童谣是潮汕人民在生产劳动中创造出来的，是潮汕人民劳动、生活的智慧结晶，通俗易懂且意蕴丰富，反映了潮汕人民的生活习惯、饮食风俗、节日习俗等方面。潮汕童谣来源于社会生活并高于生活，对于具有一定生活经验的幼儿来说，潮汕童谣的学习是一种有意义的、可以被理解和接受的学习，是可以在学习过程中与认知结构中的旧知发生相互作用而构建新经验的文学作品。通过潮汕童谣的学习，可以丰富学前儿童自身的生活经验，帮助其更好地了解、熟悉、理解本地的传统文化，并在本地传统文化的塑造下完成其心理机能的转化，促进其全面发展，从而成为一个完整的文化人。

潮州市幼儿园潮汕童谣开展现状调查研究

基于“幼儿园作为潮汕童谣教育传承的重要阵地，在潮汕童谣保护与传承中扮演何种角色、发挥何种作用”的思考，并为确保研究的严谨性和数据的可靠性，课题组组织了大学生调研团队分别于 2016 年、2018 年、2019 年暑假对潮州市三区一县进行三次调研。2016 年调研 13 所幼儿园、2018 年调研 20 所幼儿园，调研的幼儿园均以分层整群抽样方法进行选取，统计结果基本一致，故以 2018 年的调研数据为分析对象；2019 年针对市场、潮州市市民和相关学者进行潮汕童谣教育资源调查，作为 2018 年“教育资源”维度数据的补充。

一、研究对象与方法

（一）面向幼儿园的调研

本研究以分层整群抽样方法，选取潮州市潮汕方言辖区内共 20 所幼儿园的管理者、教师，以发放问卷、访谈、非参与式观察等方法搜集较为完整、真实有效的数据资料。分别从“开展意愿、师资队伍、教学资源、环境创设、家园合作”等五个维度自制潮汕童谣开展现状调查的问卷，发放问卷 379 份，回收 350 份，有效问卷 348 份，有效回收率为 92%。

表 1–1 潮州市有效问卷区域分布表

区域	样本幼儿园 / 所	问卷 / 份	百分比 /%
X 区	6	88	25
F 区	4	71	20
C 区	5	139	40
R 县	5	50	15
总计	20	348	100

（二）面向市场的调研

本次调查以线上的网络资源、线下的实体店、开发和传播潮汕童谣的专家学者、热衷于学习和传播潮汕童谣的热心人士等作为调查对象，采用实地调查法、访谈法、文献研究法获取较为完整和真实有效的数据资料。实地考察以电子地图为取样依据，走访潮州市“三区一县”以了解潮汕童谣线下教育资源的分布情况。由于 X 区是潮州市政治、经济、文化和教育的中心，默认为是资源最为集中呈现的区域，故进行较为全面的实地调研，走访了 31 个调研点，基本覆盖了大部分的书店、音像店和大型的图书馆。F 区、C 区和 R 县三地则采取等距抽样的方法抽取各 6、9、9 个调查地点作为调查样本。三区一县共调查 55 个书店、音像店和图书馆，其中 X 区有效的 23 个调研点中有 13 个拥有潮汕童谣的相关资源，其中书店、音像店共 11 家，图书馆 2 家；F 区、C 区和 R 县拥有潮汕童谣相关资源的调研点均各有 1 个。为丰富实地考察的数据资料，调查组在问卷星软件平台面向潮州市市民发放潮汕童谣教育资源现状调查问卷，回收问卷 300 份，有效问卷 276 份，有效回收率为 92%。

表 1–2　潮州市书店、音像店、图书馆等线下调研点情况

<table>
<tr><th rowspan="2">区域</th><th rowspan="2">调研点 / 个</th><th colspan="4">有效调研点 / 个</th><th rowspan="2" colspan="2">有资源的调研点及比例</th><th rowspan="2">无效调研点</th><th rowspan="2">调研点无效的原因</th></tr>
<tr><th>书店</th><th>音像店</th><th>图书馆</th><th>合计</th></tr>
<tr><td>X 区</td><td>31</td><td>17</td><td>4</td><td>2</td><td>23</td><td>13</td><td>54%</td><td>8</td><td rowspan="5">倒闭、地点不详、转型、搬迁</td></tr>
<tr><td>F 区</td><td>6</td><td>4</td><td>0</td><td>0</td><td>4</td><td>1</td><td>25%</td><td>2</td></tr>
<tr><td>C 区</td><td>9</td><td>6</td><td>2</td><td>1</td><td>9</td><td>1</td><td>11%</td><td>0</td></tr>
<tr><td>R 县</td><td>9</td><td>8</td><td>0</td><td>0</td><td>8</td><td>1</td><td>13%</td><td>1</td></tr>
<tr><td>合计</td><td>55</td><td>35</td><td>6</td><td>3</td><td>44</td><td>16</td><td>36%</td><td>11</td></tr>
</table>

二、调研结果与分析

（一）潮汕童谣开展意愿比较强烈，但在实践中多以渗透为主，缺乏计划性、系统性

在开展潮汕童谣意愿的描述性调查中发现，当前幼儿园教师开展潮汕童谣活动意愿的总体得分均值是 3.83，数值位于中等偏上水平，表示幼儿园开展潮汕童谣的意愿是比较强烈的。在对四个地区的幼儿园教师意愿进行单因素方差分析，发现 R 县、C 区、F 区等三个区之间不存在显著差异，X 区和 R 县、C 区、F 区均存在显著性差异（P 值等于或小于 0.005）。其中 X 区开展意愿均高于其他三个区域，说明 X 区幼儿园教师对潮汕童谣活动开展意愿比较强烈，且愿意花更多的时间寻找相关的

资料、资源，学习更多的潮汕童谣，并提升自身的潮汕童谣教学能力。

表 1–3　幼儿园教师开展潮州童谣意愿总体上的描述性分析表

调研内容	极小值	极大值	均值（M）	标准误（SD）
主张幼儿园应该开展潮汕童谣课程	1	5	3.95	0.878
以自身行动支持幼儿园开展潮汕童谣活动	1	5	3.96	0.682
乐意学习潮汕童谣以利于教学	2	5	3.93	0.834
愿意利用业余时间搜集潮汕童谣教学资源	2	5	3.68	0.799
愿意向其他人宣传学习潮汕童谣的好处	2	5	3.61	0.816
总体	1.6	5	3.83	0.802

表 1–4　幼儿园教师开展潮汕童谣意愿总体上的平均分描述表

地区	同意幼儿园应该开展潮汕童谣课程	以自身行动支持幼儿园开展潮汕童谣活动	乐意学习潮汕童谣以利于教学	愿意利用业余时间搜集潮汕童谣教学资源	愿意向其他人宣传潮汕童谣
X 区	4.27	4.28	4.31	3.99	3.90
C 区	3.92	3.86	3.77	3.55	3.38
F 区	3.69	3.86	3.80	3.48	3.59
R 县	3.86	3.82	3.88	3.78	3.76
总体	3.95	3.96	3.93	3.68	3.61

访谈发现，不管是地处市中心的省一级幼儿园，还是偏远乡村的农村幼儿园，大部分的管理者和教师比较赞同幼儿园开展潮汕童谣的教育活动，如 D 园长说：“当然同意啦，作为潮汕人，我们有义务将我们的优秀文化传承下去，潮汕童谣里讲了很多潮汕文化的东西，我们可以通过潮汕童谣的学习，让小朋友们学习到潮汕文化，我觉得这是我们应该去做的。”F 师表示：“潮汕方言童谣教学是很有必要的，因为现在的小朋友从进园开始接触的几乎都是普通话，他们越长大对潮汕话的掌握就越少，他们会忘记一些潮汕话的发音，常常说潮汕话的时候会插入一些普通话。而且，潮汕文化是自己的家乡传统文化，是不能被忘记的。所以，童谣的教学不仅可以促进

小孩子潮汕方言的发展，也能让他们对自己的家乡文化有所了解。”可见，潮州市幼儿园教师对潮汕童谣的价值认知还是比较认可的，对幼儿园开展潮汕童谣的意愿比较强烈。“愿意向其他人宣传学习潮州童谣的好处”的选项虽然得分最低，但还是高于平均值，说明幼儿园教师对潮州童谣及其承载的潮州文化还是有一定的认同感和传承的使命感。

本次调研的20所样本园中，教育教学内容涉及潮汕童谣的幼儿园共9所，占45%，受访者H师说：“童谣，它已经不像以前，它已经没有以前的一种环境了。现在就是我们在努力地做，但是你说，以前呢，孩子们进入幼儿园，首先他得学的就是这个民系童谣，但是现在都是普通话的儿歌，现在呀，民系童谣离幼儿园教学已经越走越远了……”在开展潮汕童谣的幼儿园中，将潮汕童谣列入教育计划并以集体教学活动的形式开展的幼儿园仅有3所，占调查园所总数的15%；其余的幼儿园多在爱国主义教育活动、区域活动、早操活动和生活中渗透，其中以一日生活各个环节的渗透最为常见，如来园、离园、午饭后的自由活动、午睡等时间播放潮汕童谣的音频，访谈发现播放的内容多取决于能找到的资源，播放与否、播放量的多寡经常是临时决定的行为，并没有将潮汕童谣的渗透列入周计划或学期计划；在爱国主义教育活动和早操活动中开展潮汕童谣的渗透教育则比较少见，其中，Y园结合升国旗活动开展“一周一童谣”的活动，每周的星期一由园长带领全园教师和幼儿齐诵一首童谣；J园的早操则选择潮汕童谣配曲编排动作，让幼儿边做早操边感受潮汕童谣的节奏美、韵律美。

（二）潮汕童谣师资力量薄弱，童谣积累量缺乏且存在认知偏差

1. 幼儿园教师方言教学能力不足

调查发现21~30岁的年轻教师是当前幼儿园的主力军，占54.3%，其次是31~40岁的教师，占33%，其余年龄段的教师则比较少，如51岁以上的幼儿园教师只占0.9%。在被调查的教师群体中，90%为潮汕方言辖区出生与成长的教师，对于“在日常生活中，潮汕方言运用程度”的自查项目，有24.1%的教师认为自己能够精通潮汕方言并进行日常生活的交流，39.4%的教师能够熟练运用潮汕方言，33%的教师可正常运用潮汕方言，只有3.5%的教师表示不大会说或有一定的理解难度。不少访谈的幼儿园教师表示：“我们园全体教师都是潮州本地人，小朋友也是以潮州本地孩童为主，他们刚来幼儿园的时候，我们都是实行‘双语教育’的，就是先说一遍普通话再用潮汕话重复一遍，慢慢的，到中班的时候，小朋友们就能全部说普通话

了。”“组织活动时，中大班全部用普通话。我们老师之间的交流还是习惯性用潮汕话的，跟家长的交流那就得看家长是不是本地人，如果是的话，一般也是用潮汕话的。”事实证明，潮州市大部分幼儿园教师是潮汕籍人士，潮汕方言作为其母语，他们运用方言开展潮汕童谣教育活动完全没有语言的障碍，可行性强。但对于“如果让您全程用潮汕话组织活动，您觉得您在方言运用方面的把握情况”的自查项目中，26% 的被调查教师认为有信心且能够流利、顺畅地全程运用方言组织集体活动，但有 67% 的幼儿园教师认为会出现卡顿、表达不清晰、词不达意、夹杂普通话或按普通话的表达方式直译为方言等情况，17% 的教师表示完全没信心全程使用潮汕方言组织集体活动。被访谈到的幼儿园教师纷纷表示自己更擅长使用普通话来组织活动，如果纯粹使用潮汕方言开展教学活动的话，经常会停下来思考如何使用方言表达，或以普通话的表达方式直译为潮汕方言，不过大家对此种混合着方言与普通话的表达已习以为常，并能自如切换两种语境进行教学。当前幼儿园教师多是国家推广普通话之后出生的，入学后接触的语言多是普通话，潮汕方言使用频率逐渐减少，潮汕年轻一代的教师已在长期的学习与生活中形成普通话思维的习惯，在工作中也多以普通话表达为主，方言表达能力在退化。在年轻一代的工作场景中，潮汕方言已经越来越陌生，甚至有淡出的倾向，当要求幼儿园教师使用方言开展潮汕童谣教学时，他们需要重新思考方言的表达形式，且日常交流的语言无法满足教学语言的需要，故在开展潮汕童谣教学实践过程中，时常发生词不达意、夹杂普通话等现象，难以流畅地使用方言组织教学活动，活动效果大打折扣。

2. 潮汕童谣活动形式多样化，但仍存在单一的教育方式

根据幼儿的学习特点，建立在理解之上的、多样化活动方式的潮汕童谣学习，更容易激发幼儿的兴趣，引发更好的活动效果，是最有效的活动形式。调查发现在开展潮汕童谣集体教学活动的幼儿园中，活动方式涉及结合动作吟诵童谣、单纯地吟诵、游戏、多媒体教学、情景表演、故事、打击乐伴奏等，其中结合动作吟诵童谣、游戏、多媒体教学是出现频率排名前三的活动形式，见图 1–1。在幼儿园的教育活动中，游戏、情境表演等多种教育方式能够帮助幼儿更好地学习与理解，但在活动开展过程中仍存在较高比例的单纯诵读童谣的现象，此种违反学前教育原理的单调的活动方式，不仅无法令潮汕童谣教学取得良好的效果，还有可能引起幼儿产生厌烦的心理，不利于潮汕童谣的保护与传承。

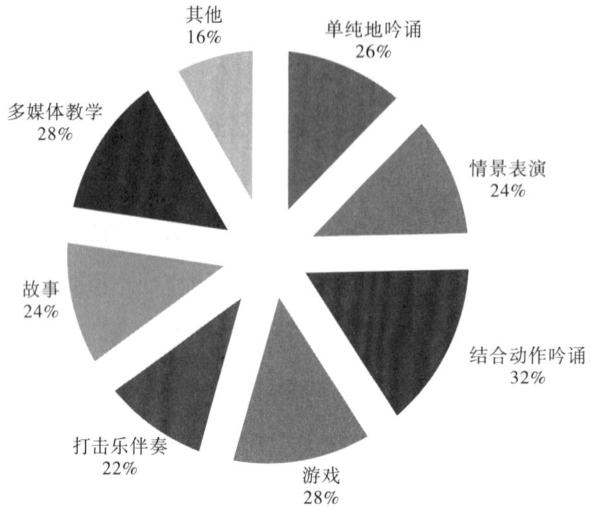

图 1–1　潮汕童谣教育活动开展形式

3. 幼儿园教师对潮汕童谣的界定不够准确

“歌谣是民间口头文学的一种，潮汕歌谣是潮汕方言表述说诵的载体，只说不唱，只诵不唱，除了专门的曲谱歌唱之外，民间口耳相传”①，作为歌谣组成部分的潮汕童谣是一种民间口耳相传的文学，是以诵读为主的方言徒歌。目前虽已有越来越多的潮汕童谣被谱以音乐曲谱流传，但数量极少，大部分的潮汕童谣仍以其文学作品的身份流传于民间，文学身份决定着潮汕童谣蕴含的旋律是语言文学的韵律、节奏和意境，而非音乐的旋律和节奏，也决定着其传播途径是口耳相传的诵读，而非音乐歌唱的方式表达。

表 1–5　潮州市幼儿园教师对潮汕童谣的界定认知

事项	次数	百分比 /%
有旋律、以唱为主的潮汕方言儿歌	159	45.7
无旋律、以诵读为主的潮汕方言儿歌	16	4.6
认为前两者均正确	155	44.5
不清楚	18	5.2
总计	348	100

在调查中，只有 4.6% 的教师认为潮汕童谣是“无旋律、以诵读为主的潮汕方言儿歌”，95.4% 的教师对潮汕童谣的认识存在偏差，有 5.2% 的教师不清楚什么是

① 陈镇景 . 浅谈潮汕歌谣 [J]. 潮商，2015（1）：91.

潮汕童谣，45.7% 的教师认为潮汕童谣是有旋律、以唱为主的潮汕方言儿歌，44.5% 的教师认为潮汕童谣既包括有旋律的、以唱为主的潮汕方言儿歌，也包括无旋律的、以诵读为主的潮汕方言儿歌。

4. 幼儿园教师对潮汕童谣的积累量不足

幼儿园教师纷纷表示“我们自己不会读潮汕童谣”，H 园长说：“我们想要开展潮汕童谣活动，也知道潮汕童谣适合小朋友学习，但我们园都是年轻老师，都不会读（潮汕童谣）。”调研组成员以《精选潮汕方言童谣》[①] 为测试依据，发现只有 23% 的受访者阅读过该书。在罗列该书 52 首童谣名称的测试中，有 69% 的幼儿园教师完全想不起任何一首童谣的内容，只有 16% 的幼儿园教师能想起全部的内容。在阅读书籍后，有 72% 的幼儿园教师表示看到该书童谣的名称和内容时完全不理解其内涵，有 15% 的幼儿园教师表示对大部分童谣的理解是模糊、不太确定的，只有 13.4% 的被访者能准确到位地理解童谣的内涵。

表 1–6　幼儿园教师对 52 首潮汕童谣名称与内容匹配度情况表

选项	出现频数 / 次	各选项所占百分比 /%
想起全部内容	2 894	15.99
想起部分内容	2 716	15.01
完全想不起内容	12 486	69.00
总计	18 096	100

表 1–7　幼儿园教师阅读书籍后对 52 首童谣内容的理解把握度情况表

选项	出现频数 / 次	各选项所占百分比 /%
准确到位地理解	2 424	13.40
理解模糊、不太确定	2 713	14.99
完全不理解	12 959	71.61
总计	18 096	100

访谈中，不少幼儿园老师表示：“我对潮汕童谣的了解真的很少，我们这一代没怎么读过，这 52 首童谣里面，我只知道《天顶一粒星》。”也有老师言道：“我们能把潮汕童谣当成顺口溜，如果哪些场合适合又恰好会某首童谣的话能直接念出来，但你让我很仔细地分析童谣表达什么主题，那我可能需要好好思考一下。”可见，大

① 林朝虹，林伦伦 . 精选潮汕方言童谣 [M]. 广州：花城出版社，2013：8.

部分的幼儿园教师对潮汕童谣的把握和内涵的分析仍相当薄弱，需要进一步地学习。

（三）潮汕童谣空间教育环境的潜在价值多被忽略

《幼儿园教育指导纲要》明确指出：“环境是重要的教育资源，应通过环境的创设和应用，有效地促进幼儿的发展。幼儿园的空间、设施、活动材料和常规要求等应有利于引发、支持幼儿的游戏和各种探索活动，有利于引发、支持幼儿与周围环境之间积极的相互作用。”① 学龄前儿童需要在与环境不断交互作用中实现发展，因此，幼儿园的空间环境对于幼儿来说，不仅具有装饰美化功能，更应具有隐性教化功能。在接受调研的 20 所样本园里，幼儿园公共场所和教室的空间布置都富有童真童趣、各有特色，部分幼儿园的环境创设能体现潮汕特有的民风民俗，如将潮剧卡通形象装饰于墙面、潮州小吃道具放置于区域中；完全以潮汕文化为主题设置的幼儿园仍相当少数，在这少数以潮汕文化为元素进行环境创设的幼儿园中，只有个别幼儿园能独立体现潮汕童谣元素，如将童谣配以形象生动的图案装饰于走廊、楼道中；独立以潮汕童谣为主题进行全园环境创设的幼儿园更是少之又少。潮汕童谣教育环境的隐性价值没有得到充分的重视，幼儿难以在环境中直接感知潮汕童谣的魅力，潮汕童谣无法在教育空间中发挥其浸染价值。

图 1–2　潮州市 L 幼儿园以潮汕童谣为主题的环境创设

① 幼儿园教育指导纲要（试行）[EB/OL].（2001–07–02）. http://www.moe.gov.cn/srcsite/A06/s3327/200107/t20010702_81984.html.

图 1–3　F 镇中心幼儿园富有地方特色的活动区角

（四）家长传承潮汕童谣能力不容乐观，且多重视普通话，家园合作缺少潮汕童谣的元素

1. 家长大多重视普通话，家庭教育弱化潮汕方言

外地籍贯的家长担心孩子语言不通或因为语言问题而被本地孩子排斥，会主动要求幼儿园教师使用普通话；本地籍贯的家长为了让孩子更快地融入学校的生活，也会主动要求幼儿园教师使用普通话，甚至在家中积极使用普通话与孩子交流，如K 园长无奈地说："曾经有一个家长上门找我，投诉班里的老师经常说潮汕话，害得他小孩都不大会讲普通话。"家长 Q 表示："你去到小学都用普通话嘛，我不希望小孩去读小学后，不会讲普通话，所以我们在家里也会用普通话。我们不用担心小孩不会讲潮汕话，因为家里老人一般就用潮汕话跟小孩子说，小孩也习惯了对老人用潮汕话，对我们用普通话。"不少幼儿园老师表示，幼儿园里的本地孩子基本上都能使用方言进行日常交流，但实地观察却发现孩子的日常语言表述中，方言与普通话混杂出现的现象并不少见，如 Y 园的 A 师说："我们班有一个男生是本地孩子，他的普通话说得很准，我在开展童谣活动时，我是用潮汕话提问的，但他一般都是用普通话来回答问题。"T 园的 J 师说："我们班有几个外地随父母来潮州的小朋友，我们平时都是讲普通话，我们幼儿园中大班的小朋友都能比较流畅地讲普通话，有时我会用潮汕话跟他们聊天，他们刚开始也是用潮汕话回应我的，但他们说着说着就改成普通话了。"随着普通话的推广和使用频率的增加，幼儿园以普通话作为首要教育语言是其承担推普教育职责的体现，但方言的使用与传承职责却被弱化了，事实再次令我们深刻感受到潮汕方言式微事实的严峻性。

2. 家园合作中淡化潮汕童谣的元素

在家园沟通中，没有开展潮汕童谣活动的幼儿园，家园合作根本不会涉及潮汕童谣的相关信息，如 M 师的发言很具代表性："我从没有听过我们班（大班）的小朋友在幼儿园里诵读潮汕童谣，家长也从没有表示过让老师们教小孩子学潮汕童谣。我们幼儿园也没要求开展，所以我们在家园合作中不会涉及潮汕童谣的东西。”在已开展潮汕童谣的幼儿园中，大部分家长很少主动向幼儿园老师提出要求开展潮汕童谣教育活动，多以配合幼儿园工作的方式参与潮汕童谣的收集与诵读任务，如K师反映道：“家长一般不会主动要求老师开展潮汕童谣活动或要求承担什么任务，一般都是我们向家长提出要求，例如要求家长协助老师找一些适合小孩朗读的童谣，家长们挺配合我们的工作，还有些家长将收集到的童谣抄下来，由小孩配上图画，共同来完成亲子作品……但有些家长平时比较忙，不一定能全部完成幼儿园的任务。”据幼儿园老师反映，虽然有不少家长支持幼儿园开展潮汕童谣，但依然有家长持无所谓或反对的态度，L师无奈地说：“曾经有一个家长说‘现在小孩要学的东西太多了，没必要学习潮汕童谣’。”M师也说：“有家长反映潮汕童谣里有不少落后、封建的思想，幼儿园不宜教授潮汕童谣。”调研发现本土方言环境已悄然发生变化，以至于年轻的潮州市民的母语能力逐渐退化，他们对潮汕童谣的掌握程度和熟练程度已相当薄弱，甚至大部分年轻父母已无法完整诵读一首潮汕童谣，难以领略潮汕童谣的魅力所在，也难以积极主动地要求或配合幼儿园开展潮汕童谣教育活动，家园合作方面也就淡化了潮汕童谣的元素，如调研组成员对Y园持续六个月的观察发现，幼儿园没有开展以潮汕童谣为主题的亲子活动，唯一一次涉及童谣的活动是庆祝元宵节的“花灯龙狮闹元宵——知民俗亲子游花灯活动”，但活动重点是游花灯和狮子舞，潮汕童谣“正月元宵灯”只是作为一个上台表演的节目。

3. 家长传承潮汕童谣的能力相对薄弱

以母语为载体的潮汕童谣原是潮汕家庭教育的主要内容，以口耳相传的方式在潮汕家庭中一代代地传承千百年，随着教育环境的变迁和学习工具与学习资源的多样化，电子设备逐渐替代亲子的团聚，普通话或英语的儿歌逐渐替代潮汕方言歌谣，如被访者W说：“我们在家里用普通话跟小孩交流，爷爷奶奶用潮州话跟小孩交流。我们会用IPAD播放儿童歌曲或者普通话儿歌。”家长作为潮汕童谣传承的重要人力资源，自身的潮汕童谣累积量与教育能力将直接影响潮汕童谣的传承行为与质量，但调查发现潮州市市民的方言童谣积累量和传承能力相对薄弱，调研发现有50.7%的市民在年少时听过长辈吟诵潮汕童谣，但只停留在单纯的诵读，只有7.6%的市民表示长辈在诵读的时候会加以讲解。被调研的市民中，95.3%的人能吟诵潮汕童谣中的一两句，但脱口而出且能完整诵读6首及以上童谣的市民只占调研样本的19%；

有 51.3% 的市民表示就算是借助文字也无法流畅地读出、准确地理解童谣；33.7% 的市民表示有教过孩子吟诵潮汕童谣，不过只是偶尔想起或接到幼儿园的任务才教，教的方式主要是单纯的诵读，没有进行解读；58.7% 的市民表示在家庭教育不会涉及潮汕童谣的内容，如被访者 F 说："我自己不会读潮汕童谣，幼儿园也没要求我们教，所以没有想过教孩子读。"

（五）潮汕童谣教育资源品种单一且数量有限、分布零散且质量参差不齐

教育资源是指具备教育服务价值的、能够为学校课程教学工作和学生管理工作环节提供助力条件的一切资源要素①。互联网时代改变了教育环境、学习形式和师生（幼）关系，目前，互联网已成为潮汕童谣教育资源的重要载体，新生代家长也更倾向于通过互联网获取教育资源，故调查时应兼顾互联网的线上资源和实体店的线下资源，线上主要包括以动画视频、微课、图片等以虚拟媒介实现信息传递的潮汕童谣教育资源，线下主要是流通于书店、音像店或图书馆等关于潮汕童谣的纸质书籍、碟片等传统资源。

1. 线下市场资源有限且分布不均、品种单一

线下市场主要以书店、音像店和图书馆为调研对象，可获取资源的空间分布主要集中在政治、经济、文化、教育中心的 X 区，而 C 区、F 区和 R 县则相对较少，资源分布呈现中心区多、东西区少的空间特征。X 区有效的调研点主要分布在市中心、人员密集的区域，较少分布在郊区。F 区有效的调研点除了中心区域的大型书店外，其他书店基本没有相关的资源。C 区主要分布在南部的县城 A 镇及邻近的镇区，其他乡镇则极为零散。R 县被抽取的有效调研点主要分布在县城 H 镇人员密集的镇中心区域。

调研发现书店、音像店流通的与潮汕童谣相关的产品资源一共有 12 种，且只有碟片、书籍两种类型，品种单一，如果从与潮汕童谣的相关性来分析的话，在书店和音像店流通的高相关资源只有 5 种，这 5 种之间交叉性强，其中 2 种是整体与局部的关系。所以从严格意义上分析的话，潮汕童谣高相关资源其实只有 4 种：《全本潮汕方言歌谣评注》《潮汕方言歌谣研究》《潮汕文化读本》《潮汕童谣画你知》；售卖的商店也相对较少且多集中在 X 区，如《全本潮汕方言歌谣评注》是销售店家数量最多的产品，但也只有 5 家，只占调研总数的 36%。从表 1-8 数据可见，社会大众很难通过线下市场便利地获得与潮汕童谣相关的产品。据了解已有潮汕童谣的明信片流通于市场，但在调研的书店和音像店中并没有发现。

① 高里程．教育资源的开发与高校体育教学改革 [J]．当代教育实践与教学研究，2019(4):102−103.

表 1–8　书店、音像店线下教育资源统计表

区域	X 区	F 区	C 区	R 县	合计	
有效调研点（书店 / 音像店，家）	11	1	1	1	14	100%
《全本潮汕方言歌谣评注》（书籍，2012）（高相关）	4	—	—	1	5	36%
《精选百首潮汕方言童谣》（书籍，2013）（高相关）	3	—	—	—	3	21%
《潮汕文化读本》一、二年级（书籍，2017）（高相关）	1	1	—	—	2	14%
《潮汕童谣画你知》（书籍，2018）（高相关）	1	—	—	—	1	7%
《潮汕方言歌谣研究》（书籍，2016）（高相关）	1	—	—	—	1	7%
《潮语儿童歌谣系列合集》（碟片）（中相关）	1	—	—	—	1	7%
《潮汕歌谣新注》（书籍，1997）（中相关）	1	—	—	—	1	7%
《潮汕方言歌谣》（书籍，2015）（中相关）	2	—	—	—	2	14%
《潮州歌册》（书籍，2007）（弱相关）	2	—	—	—	2	14%
《潮汕歌谣集》（书籍，2001）（弱相关）	1	—	—	—	1	7%
《潮州歌册》（碟片）（弱相关）	3	—	—	—	3	21%
《潮汕歌仔串烧》（碟片）（弱相关）	3	—	1	—	4	29%

本次调查，走访了 X 区 2 所大型的图书馆，其中 Q 馆藏书与潮汕童谣相关的资源共 15 种、Y 馆仅有 2 种。Q 馆涉及潮汕童谣相关的教育资源有《游在潮州》（上下册及合订本）、《潮汕女性口述历史：潮州歌册》、《潮汕本土题材潮州歌册整理及研究》（上下册）、《新童谣》、《潮州歌谣集》、《潮州歌谣》、《潮州歌谣集成资料本》（上下册）、

图 1–4　线下市场潮汕童谣高相关资源

《潮安民歌选》、《释音 潮州儿歌撷萃》、《短篇潮州歌册选》、《潮州歌谣选》、《潮州歌谣选注》、《朝阳民间歌谣》、《潮汕方言歌谣曲集》；Y 馆有《精选潮汕方言童谣》《岭南传统童谣：广府童谣 客家童谣 潮汕童谣》，其中与潮汕童谣高相关的资源只有 5 种。调查发现，存放此资源区域来往的人员极少，在调研的一天中仅有两人在此处稍有逗留，查阅的书籍也并非是潮汕童谣的书籍。

2. 线上资源较多样化，但分布零散、质量参差不齐

调研组以“潮汕童谣”“潮汕方言童谣”“潮州童谣”“潮州歌谣”为搜索词，通过多方查找，发现当前线上资源类型主要有文本类、视频类、音频类（详见表 1–9），没有发现潮汕童谣的课件、微课视频等教学资源。线上资源分散于腾讯视频等网站；抖音 APP、微信（公众号）、喜马拉雅 APP 等平台，目前只有“潮汕方言歌谣网”是一个资源集中的网站，该网站包括“简介、歌谣类别、文本音档、歌谣动画、歌谣研究与传承”等栏目。

表 1–9 潮汕童谣线上分布基本信息

渠道分布	类别	类型
腾讯视频等网站；抖音 APP、微信（公众号）、喜马拉雅 APP 等平台	文本类	没有标注或解释的纯粹文字的童谣文本
		配图的童谣文本
		简单标注或解释的童谣书籍
		童谣的教学设计方案
	视频类	童谣的动画视频
		配曲及编排动作的视频
		纯粹的诵读视频
	音频类	纯粹的诵读音频
		配以快板的音频
		辅以背景音乐的音频

分析后发现，线上资源较线下资源丰富且多样化，但存在品种不够全面、分布零散、缺乏系统性的整合及资源数量有限等情况。如童谣动画视频和童谣改编的歌曲视频少且零散，童谣动画视频数量极其有限，但画面较精美、画面与童谣内容匹配性较高；童谣改编的歌曲旋律优美、意境丰富，但视频的画面质量存在参差不齐、画面与童谣内容匹配程度不高等问题。就算是资源集中的网站，也存在缺乏更新与

管理的问题，如“歌谣类别”中的内容非常简单，只是单纯的列出类别名称而已，并没有做细致的说明；“歌谣动画”里只有一首童谣的动画视频；“文本音档”里共有 120 首童谣；“歌谣研究与传承”共有 43 条信息，但只有 14 条可以正常阅读。音频数量比较丰富，但大部分音频配以快板诵读，存在朗读速度过快、快板声音过大等情况。零散且质量不一的资源要求利用者必须具备较强的童谣解读能力及资源识别、筛选、设计等能力，这对于普通民众或幼儿园教师来说具有一定的难度，不利于潮汕童谣的传播与传承。

线上资源对于幼儿园教师来说其实是陌生的存在，很多被访者并不知晓这些资源的存在，如 A 师说：“我们自己不会读潮汕童谣，也不知道去哪里找潮汕童谣教学资源。”H 师表示：“你说要教一首童谣必须要有可以利用的东西。比如说孩子们最容易接受的就是图片了，但这个图片搜起来的结果却是五花八门，有的是电脑画的，有的是手画的，有的是漫画的，有的是照片，关键还不只是五花八门，关键在于很辛苦搜来的这些东西，不能非常精准地表达这首童谣的意思和它的文化内涵。”在接受调查的幼儿园管理者和教师中，有 65.3% 的人认为缺乏可使用的教学资源（童谣教学的活动方案、教具、动画视频、微课等）是其开展潮汕童谣教育活动遇到的最大的困难，也是制约幼儿园开展潮汕童谣教育活动的关键因素。

（六）幼儿园教材多呈现普适性内容，能体现文化的多样性和差异性，但缺乏潮汕文化元素，潮汕童谣更是少见

幼儿园教材是指出版社正式出版供幼儿园教师指导幼儿学习的文本材料和配套辅助材料，主要包括幼儿园课程方案、教师用书、幼儿用书、音视频等，是幼儿园课程的物化形态。调研发现，当前潮州市幼儿园使用的教材版本多种多样，常见的教材版本共有 6 种（见表 1–10），其中，使用范围最广、最受幼儿园教师欢迎的是“凤凰小康轩幼儿多元能力探索课程”“岭南幼儿多元智能课程”的教材，教材包含教师用书、幼儿用书和操作材料。Y 园长说：“虽然说幼儿园没有教材，但现在很多幼儿园都有订教材，多与少而已。我们幼儿园订了很多套教材，具体的活动内容就由老师和教研组来决定。很多套教材有个好处就是可以让老师根据需要来选择适合的内容，可以有更多的时间来准备材料，而不用烦恼准备什么内容。”据了解，幼儿园教材对于教师来说是不可缺少的，特别是乡村等师资力量薄弱的幼儿园，在调查的幼儿园中，100% 的幼儿园订了教材，40% 的幼儿园能在教材的基础上，结合幼儿

园的资源设计相关的活动内容，但根据幼儿园可利用资源进行园本教材开发的幼儿园占比只有 10%。截至 2019 年 8 月，没有幼儿园独立编写、出版整套的幼儿园教材。

表 1–10　潮州市幼儿园常用的教材信息表

序号	幼儿园教材名称	主编	出版社
1	凤凰小康轩幼儿多元能力探索课程	许卓娅	江苏凤凰教育出版社
2	岭南幼儿多元智能课程	广东省教育研究院	新世纪出版社
3	小袋鼠幼儿园活动整合课程	周兢、张杏如	南京师范大学出版社
4	幼儿园可操作性学习新方案	北少芳草学前教育研发中心	北京少年儿童出版社
5	多元整合幼儿园活动课程	王阵可	少年儿童出版社
6	新编幼儿多元智能开发课本	邱天宇	上海科学普及出版社

1. 凤凰小康轩教材以普适性内容为主，多展现文化的共性元素，地方文化则多展现北方和江南地区的特点

面向全国发行的凤凰小康轩教材每学期各有四个主题，涵盖幼儿园五大领域，2018 学年度幼儿用书的活动合计 778 个，涉及中华优秀传统文化的活动有 72 个，占比 9%，其中大班活动 34 个、中班活动 26 个、小班活动 12 个，艺术领域活动 29 个位居榜首，其次是社会领域活动 16 个、语言领域活动 14 个，健康领域活动所占比例最低。

（1）内容的选择与设计。

①普适性知识占主流地位。

凤凰小康轩教材以呈现普适性知识为主，自然现象、爱、成长、规则、同伴关系等是其主要内容。如《小叶子的旅行》（小班第一学期语言领域）讲述的是小叶子期待旅行→努力为旅行做准备→快乐旅行→回归大树妈妈怀抱的故事，对开页设计展现了空间的广阔、叶子旅行的线路和情感的抒发，绿、黄、红、紫等色彩描绘了温柔包容的大树妈妈、可爱活泼和快乐飞翔的叶子宝宝，线条舒展，亲子的温暖甜蜜、叶子宝宝的兴奋等情感充溢画面，以大树和叶子的形象生动地描绘了妈妈和宝宝之间的包容和接纳、放飞和回归的亲子之爱，以拟人化的植物形象表现了人类亘古不变的亲情主题；《长大做什么》（大班第一学期语言领域）的主题是每个人都是与众不同的个体，每个人都有自己的爱好和理想，实现理想的关键是努力；《快乐的动物合唱团》

（大班第二学期语言领域）讲述的是驴子邀请狗、猫、公鸡、大灰狼等小动物组成动物合唱团的故事，故事的主题涉及友爱、和睦相处、情绪的调节方法等内容。

图 1-5　小班语言《小叶子的旅行》

②中外文化多样性与差异性占比不高。

凤凰小康轩教材凸显普适性知识内容的同时，也能在一定比例上体现中外文化的多样性，如大班艺术领域"美丽的衣服"介绍了中国旗袍、日本和服、印度纱丽、西方的白色婚纱等服装；"面具大集合"展现了中国舞龙舞狮的面具、青面獠牙的面具、日本能剧的面具、萨伊松耶族面具、嘉年华会面具；社会领域也能体现中外文化的差异性，如大班社会领域的"秋日大丰收"主题的"茶文化"系列活动，介绍了茶叶的不同种类、冲泡方式及茶馆；大班艺术领域"宁静与跳跃"中，出示"海边孩童嬉戏、粉色小船漂浮海上"与"着红衣、舞绸带小姑娘"的图片，提问："一边听音乐一边看图，想一想，哪幅图表现的是《梦之船》，哪幅图表现的是《喜洋洋》？哪首曲子是宁静的，哪首曲子是跳跃的？请用动作表现出来吧！"纵观教材，发现教材呈现中外文化多样性、差异性的比例并不多，且多集中在艺术领域和社会领域之中。

图 1-6　大班艺术《美丽的衣服》

图 1–7　大班艺术《宁静与跳跃》

③中华优秀传统文化多体现共性元素。

凤凰小康轩教材展现的中华优秀传统文化主要包括物质生活文化、艺术、节日文化、民间娱乐文化和中国独有动植物等五大类，其中物质生活文化包括建筑、服饰、饮食文化，艺术包括传统文学、民间音乐、民间美术，节日文化包括春节、端午节和中秋节节俗，民间娱乐文化则是太极等传统体育运动，中国独有动植物则是熊猫。在众多活动中，春节习俗是出现频率最高的主题，其次是民间工艺美术。同属中华境内的不同区域由于同属汉文化语境，区域之间的文化共性远远大于差异性，教材在内容的选择上也多展现文化的共性元素，如春节习俗多展现“大扫除、买年货、贴春联、吃团圆饭、拜年”等涉及全国各地共同的节日文化元素。

表 1–11　凤凰小康轩教材“中华优秀传统文化”类型列表

类型		活动名称	数量
物质生活文化	建筑	建筑 ABC（故宫等）；各式各样的建筑（布达拉宫、故宫、拙政园等）；不一样的房子（蒙古族的蒙古包、傣族的竹楼等）	3
	服饰	美丽的衣服（中国旗袍等）；好看的肚兜；虎头鞋	3
	饮食文化	茶叶是怎样制作出来的；茶叶展示台（茉莉龙珠、乌龙茶、茉莉花茶、绿牡丹、普洱茶）；各种茶馆（中式工夫茶等）；学泡茶（南方工夫茶、北方砖茶）；我会做好喝的茶（柠檬茶、水果茶、奶茶）；茶叶的朋友（茶叶制作的其他食品）	6
艺术	传统文学	十二生肖选拔会（故事，形象为十二生肖，主题为讲卫生）；老鼠嫁女（看图讲述）；小黄狗来送稻（故事）；王婆卖瓜（儿歌）；九月九日忆山东兄弟（古诗）；枫桥夜泊（古诗）；小池（古诗）	7

续上表

类型		活动名称	数量
	民间音乐	音乐ABC（民间音乐“喜洋洋”、过新年的场景）；卷炮仗（音乐游戏）；京剧脸谱欣赏；戏说脸谱；采茶扑蝶；咚咚锵（民间乐器）；十二生肖歌	7
	民间工艺美术	美丽的窗花；贺卡年画（传统年画）；兔儿爷；吉祥如意；泥人张；说唱陶俑；小手捏捏捏；好看的瓶子；十二生肖剪纸；剪纸灯笼；纸的魔术（剪纸等）；送给妈妈的衣服（染纸）；面具大集合（舞龙舞狮等面具）；糖画怎么来	14
节日文化	春节习俗	买年货过新年（故事）；逛年货大街；穿新衣；大元宝；贺新年；过新年（舞狮、舞龙、花灯、民间乐器）；吉祥的红色（中国特色的物品）；要过年了（大扫除、买年货、吃团圆饭、拜年）；过年的故事（故事，年的由来）；过年真好玩（舞龙、舞狮、踩高跷、猜灯谜等）；拜年喽（穿新衣、戴新帽、拜年礼仪、压岁钱）；美丽的烟花；过个开心年（大扫除、贴春联）；过年啦（儿歌）；年糕黏糊糊（故事，蒸年糕）；过新年（儿童诗）；饺子元宝（故事）；我会拜年（看图讲述，拜年祝福语）	18
	端午节习俗	端午节（挂香囊、包粽子、挂艾草和菖蒲、吃鸭蛋、划龙舟）；赛龙舟（儿歌）；屈原的故事（故事）；端午习俗（儿歌）	4
	中秋节习俗	过中秋（故事）；圆圆的月亮（数字顺序连线，玉兔捣药的形象）；吃月饼；中秋购物	4
民间娱乐文化	传统体育运动	大家练身体（太极拳、少林拳、气功）；中国功夫歌；快乐太极（抖空竹、扭秧歌、太极剑等传统体育活动）	3
中国独有动植物		春笋来报到（熊猫形象）；竹子真好用（熊猫形象）	2

④境域性文化元素多以北方或江浙地区为表现对象。

文化常因场域的不同而呈现不同的地方特色，虽然区域间文化差异不大，但细微的差异却令地方文化呈现丰富多彩的迷人景象。教材在展现文化共性的同时，对文化地域特征多样性和差异性也有所体现，但多以北方或江浙一带的文化特征为主要表现对象，较少涉及岭南等其他区域。如《饺子元宝》（大班第一学期语言领域）反映的是北方除夕夜吃饺子的习俗，南方如潮州市老百姓的年夜饭餐桌必不可少的是鱼、粿、“四点金鸡碗”、潮汕卤味等菜肴，鲜有饺子。反映端午节习俗的四则活动在展现“龙舟、粽子、悬挂物品祈保平安”等共同文化元素外，还展现了江浙一带“雄黄化妆、吃鸭蛋”等境域性文化元素，其他地方的文化特征则被弱化或忽略。雄黄作为一种中药材可用于制作解毒剂、杀虫药，是江南一带百姓用来驱妖避邪之物，因此，端午节有成人饮雄黄酒、儿童涂抹雄黄妆的风俗，如杭谚“五月五，雄黄烧酒过端午”，江苏籍的汪曾祺在散文《端午的鸭蛋》中提到了家乡端午节“吃鸭蛋”和“用酒和的雄黄在孩子的额头上画一个‘王’字”的风俗。但岭南地区的端午习俗却没有在教材中有所体现，如潮州市，端午节没有喝雄黄酒、抹雄黄妆或吃鸭蛋的习俗，人们多会在端午节摘下使君子花煮水或炒鸡蛋给孩子吃，目的是消除孩童肚子里的蛔虫，避邪的成分相对较弱；也有人用柳（桃）枝、石榴花等避邪之自然物放置干净的水中，这水就成了具有驱鬼避邪、保平安的花水，再用避邪物蘸花水轻轻地从房间里面往外挥洒，取把房子里的邪物驱赶出去之意，以保居住之地的清净安宁、居住之人的平安吉祥。

图 1-8　雄黄化妆（“画额”是端午节以雄黄涂抹孩子额头的传统习俗，在额头画“王”字或画一只“老虎”，有借雄黄为孩子驱毒、借“猛虎”为孩子避灾镇邪之意）

图 1-9　潮汕地区洒花水必备的“红花”“仙草”

（2）画面的设计与表现。

幼儿园教材最直观的表现形式是图画，画面是幼儿获得教材信息的重要来源。在凤凰小康轩幼儿用书中，画面颜色搭配合理，画面信息与内容匹配度高。普适性主题活动多以拟人化的动植物或没有明显的区域特征的卡通人物为表现形象，角色形象清新可爱且富有童真童趣，形象的描画和画面的装饰，鲜有传统文化特征的元素。中华优秀传统文化主题活动的画面设计多以卡通人物或实物图片为表现形象，形象的描画能注重传统文化信息的传递，画面的装饰或细节也能让读者感受到传统文化的魅力，如《要过年了》（小班第一学期社会领域）描画了大扫除、办年货、贴春联、吃团圆饭、拜年等年俗活动，人物的表情、动作能体现过年的祥和与欢乐，画面中的爷爷着长袍马褂配布鞋，是老北京男子的传统服饰；《吉祥的红色》（中班第一学期艺术领域）主要以实物图片展现了灯笼、红包、对联等具有中国特色的红色物品，以红色底、锦簇花团作为背景，令喜庆、吉祥和欢乐的气氛弥漫着整个画面。

图 1–10　小班社会《要过年了》

2. 岭南版教材呈现的文化元素与小康轩教材类似，地方文化元素能兼顾岭南三种文化，但比重失调明显

潮州市幼儿园使用的教材中，最能体现地方优秀传统文化的教材非“岭南幼儿多元智能课程”不可，该教材以“为广东省幼儿园量身定做，富有广东特色，传承岭南文化，旨在建设广东品牌的幼儿园课程”为主旨。分析发现，三个年龄班幼儿用书的活动合计 826 个，活动的主题和内容与凤凰小康轩教材类似，均包含普适性知识、中华优秀传统文化（含地方文化）及少量的外国文化；表现特征为以普适性内容为主，少量能体现文化的多样性和差异性。涉及中华优秀传统文化活动合计 111 个，占活动总量的 13%，比例明显高于凤凰小康轩教材，分布趋势与小康轩教材一致：大班活动 53 个、中班活动 39 个、小班活动 19 个，艺术领域活动 67 个位居榜首，其次是社会领域活动 25 个、语言领域活动 12 个，健康领域所占比例最低。

（1）中华优秀传统文化多展现共性元素，地方特色文化元素稀薄，有待深入地挖掘与利用。

在111个中华优秀传统文化活动中，具有明显广东特色文化特征的活动仅有58个，占52%，其余的活动主题与内容并没有明显的广东地域文化特征，“富有广东特色、传承岭南文化”的主旨无法很好地得到彰显。广东特色文化活动主要集中在艺术、语言和社会等领域，其中美术活动21个、音乐活动16个、语言活动8个、社会活动7个；主题与内容包括物质生活文化、艺术、节日文化和岭南动植物等四大类（见表1–12），其中物质生活文化包括地理标志、建筑、服饰和饮食文化，艺术包括民间文学、民间音乐、民间美术，节日文化包括春节、端午节和中秋节的节俗，岭南动植物主要是岭南水果，如荔枝、菠萝等。其中，粤语童谣/歌谣是出现频率最高的活动类型，同样富有地方特色的潮汕童谣、客家童谣却没有上榜。

岭南文化丰富多样且独特，幼儿园教材在编撰的时候可以更深入、系统地挖掘与利用，如大班美术（上册）的“民族服饰（美术欣赏）”介绍了白族、彝族、壮族、苗族等民族的服装和节日，岭南地区潮州市作为畲族的发源地，教材却没有提及畲族服饰；大班美术（下册）“各种各样的建筑（美术欣赏）”介绍了故宫、迪士尼、悉尼歌剧院、荷兰风格楼房，却没有涉及岭南特色的建筑，如许驸马府（保存下来的建筑为三进五开间一后包二从厝建筑，现存潮汕“府第式”民居的最早形制，国内罕见的宋代府第建筑）、广济桥（被桥梁专家茅以升誉为“世界最早的启闭式桥梁”，中国四大古桥之一）、开平碉楼（中西合璧的民居，中国乡土建筑的特殊类型，集防卫、居住和中西建筑艺术于一体的多层塔楼式建筑）、湛江硇洲灯塔（世界仅有的两座水晶磨镜灯塔之一，与伦敦灯塔和好望角灯塔并称世界著名的三大灯塔）、梅州围龙屋（典型汉族民居建筑，客家文化的重要象征）等，广东省内著名的特色建筑多不胜数，都是巧夺天工、能与其他地区建筑相媲美，但在“建设广东品牌”的幼儿园课程教材中却被忽略了。

图1–11　大班美术（上册）的“民族服饰（美术欣赏）”

图 1–12　许驸马府建筑体现的宋代特点：方正规矩的布局，出檐平缓且呈弧形弯曲的屋顶，起翘的翼角，二层的蝴蝶瓦，刻着古朴莲纹图案的木门簪，高高的门槛，紧密的窗棂，竹编的灰墙以及雕饰简单的梁柱等等

图 1–13　潮州湘子桥，清乾隆进士郑兰枝："湘江春晓水迢迢，十八梭船锁画桥。激石雪飞梁上冒，惊涛声彻海门潮。鸦洲涨起翻桃浪，鳄渚烟深濯柳条。一带长虹三月好，浮槎几拟到云霄。"

图 1–14　硇洲灯塔由麻石累叠，塔身下方为正方形塔基，上部为圆锥体。塔顶的灯座室设一封闭式能转动的托盘，内置水银，承托着整个灯座架，灯座架由 160 多条弧形水晶三棱镜片组成反射架体，再由凸透镜、荧光灯等构成一个完整的光源及发射体系

图 1–15　开平碉楼群汇集了国外不同时期不同风格的建筑艺术，古希腊的柱廊、古罗马的柱式、拱券和穹隆，欧洲中世纪的哥特式尖拱和伊斯兰风格拱券、欧洲城堡构件、葡式建筑中的骑楼、文艺复兴时期和 17 世纪欧洲巴洛克风格的建筑等

（2）地域特色文化比重失调，能兼顾但无法均衡地体现广东三种文化。

广东省是广府文化、潮汕文化、客家文化三种文化相互独立又相互交融的省份，三种文化各具特色且深厚浓郁，可以挖掘的主题和内容都非常多，编者在教材选编时能兼顾三种文化，但广府文化的比例要远远高于潮汕文化、客家文化。在 58 个广东特色文化的活动中，涵盖三种文化的活动共有 13 个，其中 9 个是岭南动植物主题的活动，4 个涉及地理标志、岭南居民建筑、端午节的赛龙舟习俗；涵盖广府文化和潮汕文化的活动有 2 个：饮食文化的家乡小吃、节日文化的中秋节习俗；独立体现的广府文化活动有 35 个、潮汕文化活动有 6 个（“茶具”“亲亲泥土”被笔者归类为潮汕文化）、客家文化活动只有 2 个，三者的比例分别是 86%、36%、26%。在多元文化强烈冲击与相互交融的当今，重广府文化轻潮汕文化和客家文化对于地域文化多样性的保护与传播、地域文化的学习与传承都是极为不利的。

表 1-12 “岭南幼儿多元智能课程”教材“地方文化”类型列表

<table>
<tr><th colspan="2" rowspan="2">类型</th><th colspan="3">活动名称</th><th rowspan="2">数量</th></tr>
<tr><th>广府文化</th><th>潮汕文化</th><th>客家文化</th></tr>
<tr><td rowspan="7">物质生活文化</td><td rowspan="2">标志</td><td>我爱省会——广州（立交桥、市花木棉、中山纪念堂、珠江、中山大学、白云山风景区、烧鹅、早茶）</td><td></td><td></td><td rowspan="2">3</td></tr>
<tr><td colspan="3">家乡真美丽（广州五羊雕像、潮州广济桥、梅州雁南飞）；家乡的变化</td></tr>
<tr><td rowspan="2">建筑</td><td colspan="3">岭南民居（开平民居——碉楼、梅州民居——客家围屋、潮汕民居——祠堂、广州民居——西关大屋）</td><td rowspan="2">5</td></tr>
<tr><td>岭南民居（线条画，着重介绍粤派建筑特色锅耳顶）；岭南印象园（综合活动，着重表现“锅耳顶”）；满洲窗（油画棒画，广州西关建筑特色）</td><td></td><td rowspan="2">客家风情（美术欣赏，客家服饰、客家围屋）；客家凉帽（制作、装饰）</td></tr>
<tr><td>服饰</td><td></td><td></td><td>1</td></tr>
<tr><td rowspan="2">饮食文化</td><td>广东早茶（泥工）；泮塘五秀（广州西关的泮塘风景）</td><td>茶（茶叶的制作过程，茶的品种）；茶具；潮州宝斗饼（泥工）</td><td></td><td rowspan="2">6</td></tr>
<tr><td colspan="3">家乡的小吃（潮汕、广州、佛山、顺德、肇庆等地的小吃）</td></tr>
</table>

续上表

类型		活动名称			数量
		广府文化	潮汕文化	客家文化	
艺术	民间文学	五羊的传说；林则徐虎门销烟（故事）；洗白白（语言、音乐各1）；月光曲；鸡公仔；落雨微微；大西瓜；卖菜歌（量词游戏）；有只雀仔跌落水；排排坐；何家公鸡何家猜；打开蚊帐；落雨大；月光光；氹氹转；广州小食真好吃；醒目仔；扒龙船			20
	民间音乐	金蛇狂舞；彩云追月；花好月圆；步步高			4
	民间工艺美术	高州木偶戏（美术欣赏）；佛山陶瓷——石湾公仔（美术欣赏）；制作菠萝鸡（装饰，广州“波罗诞”吉祥物）	潮州木雕（美术欣赏）；潮汕钩花（线条画）；亲亲泥土（涉及陶泥）		6
节日文化	春节习俗	逛花街（选图讲述，资源库介绍“广州花街的由来”）			1
	端午节习俗	龙舟勇将（泥工）			2
		肇庆裹蒸（油画棒画）			
	中秋节习俗	团团圆圆过中秋（广式月饼、潮式月饼、广州中秋节习俗、潮汕中秋节习俗、香港中秋节习俗）			1
岭南动植物		岭南水果（美术、数学各1）；丰富的岭南特产；菠萝（岭南水果）；荔枝（岭南水果，播放粤音曲谱“岭南红荔”）；华南虎；分果果；木棉花（纸工，广州市市花）			9

幼儿园教材中的幼儿用书相当于狭义意义上的教科书，是幼儿园课程的核心教学标准，是“国家意志、民族文化、社会进步和科学发展的集中体现，是实现培养目标的最直接的载体。教科书是读者最多、最特殊，又最被读者信赖甚至依赖、最耗费读者精力和时间、对读者影响最深远的文本”①，可以说，幼儿园教材中的文化选择将直接决定文化教育在学前教育阶段的贯彻落实情况，对学前儿童的影响巨大且深远。通过对现行两个版本的幼儿园教材进行文本研究，我们发现幼儿园教材普遍存在以

① 石鸥，石玉．论教科书的基本特征 [J]. 教育研究，2012（4）：92-97.

普适性知识为主的现象，能体现文化的多样性和差异性，但中华优秀传统文化缺失，特别是地方文化淡化、失衡的现象非常明显，这需要引起学前教育界的广泛关注与重视，特别是承担专业启蒙教育的幼儿园。虽然部分幼儿园教师能在教材的基础上，结合当地的文化资源构建适宜的教育内容，但仍存在部分幼儿园教师比较依赖教材，主要以教材的内容和辅助材料开展教育活动，在此背景下，幼儿园教材中文化选择的淡化、区域文化的缺失势必影响下一代的文化保护与传承意识。下一代难以在启蒙阶段萌发对家乡文化的认同，难以对地方优秀传统文化产生亲切感，更难以产生热爱家乡优秀传统文化的深厚感情。

三、调查结论

承载着潮汕文化的潮汕童谣已受到越来越多有识之士的重视，承担学前教育重任的幼儿园管理者和教师开展潮汕童谣保护与传承活动的意愿比较强烈，但开展情况却不容乐观，大部分幼儿园的教育教学活动并没有涉及潮汕童谣；在已开展的幼儿园中，多以渗透为主，缺乏计划性、系统性；潮汕童谣教育环境的潜在力量多被忽略；潮汕童谣师资力量相对欠缺，存在方言教学能力不足、缺乏童谣积累量且对潮州童谣存在认知偏差等情况；家长传承潮汕童谣能力不容乐观，且多重视普通话，家园合作缺乏潮汕童谣元素；潮汕童谣教育资源品种单一且数量有限、分布零散且质量参差不齐；幼儿园教材多呈现普适性内容，能体现文化的多样化和差异性，但文化的展现多以共性元素为主，潮汕文化缺失。为了确保研究数据的可靠性和全面性，调研小组分别面向幼儿园进行两次调研和线下市场的一次调研，但囿于能力、时间和精力等原因，无法对潮州市进行全面铺开调查，更无法详尽展现幼儿园开展潮汕童谣现状，只能按一定的标准选取对象进行调研，获得不完全的资料，进行浅略的分析，目的是为抛砖引玉，希望有识之士们关注并投入到地方文化教育传承的相关工作中来。

附：

1. 潮汕童谣调研小组构成

大学生调研小组成员：林棉纯、罗媛媛、余思敏、郑珠、张绵莎、詹尹曼、李赞梅、湛艳清、余伟钢、陈瑞婷、郑佩瑶、杨珊、陈晓君、姚潇治、黄朝铭、陈烨青、徐敏钰、林翠玲、郑映瑜、余梓娴、杨嘉利、邱月、郑小雪、练文婷、黄仪铭、黄丽英、吴玉兰、陈安钠、邓思思、林依莎、冯嘉瑶、薛佩锘（排名不论先后）

大学生调研指导教师：黄映玲、陆宝君、孙悦亮、吴华钿、翁菁（排名不论先后）

图 1–16　调研前后的研讨会

图 1–17　得到幼儿园领导和老师们的热情接待，并进行了真诚对话

图 1–18 “看，潮汕童谣明信片！”——调研后，徐榛女士为调研小组成员赠送潮汕童谣明信片

图 1–19　大学生调研小组成员

2. 潮汕文化幼儿读本

潮汕文化幼儿读本系列丛书是广东教育出版社于 2018 年 6 月出版的书籍，是汕头经济特区中心幼儿园李岱玲园长主编的、面向幼儿园的教学参考资料（教材），内含 8 册:《茶韵飘香》《营锣鼓》《我爱食小食》《手心里的宝贝》《看戏啰》《阿喵的老厝》《红头船从这里出发》《金凤花》，以八个主题将相关的潮汕故事与潮汕童谣等文学作品、潮汕风景、潮汕民间游戏、潮汕风物等地方优秀传统文化汇编成册，既可以为幼儿提供了解潮汕文化的读本，也可以为幼儿园教师开展潮汕文化教育活动提供素材，至此，潮汕地区终于有一套市场流通的面向学前教育的潮汕文化教材。可惜的是在潮州市的实体书店调研的时候并不见这一套丛书的身影，利用互联网进行搜集的时候，如没有准确的书籍名称作为搜索词的话，也无法搜索到这一套丛书。据了解，这一套丛书在汕头市具有较大的知名度，但多数潮州市幼儿园教师并不知晓这套丛书的存在。

图 1-20　李岱玲主编的潮汕文化幼儿读本系列丛书

图 1-21　林朝虹、颜桂主编的潮汕童谣绘本

3. 潮汕童谣绘本

潮汕童谣绘本是广东高等教育出版社分别于 2019 年 10 月、2020 年 5 月出版的书籍，是韩山师范学院潮州分院林朝虹教授和颜桂副教授主编的、面向幼儿园的教材，内含 6 册:《拥啊拥》《天顶一粒星》《拍啊拍铰刀》《挨啊挨》《潮州湘桥好风流》《雨落落》，以潮汕童谣为主体进行绘画，辅以“玩一玩”等提示性内容，并配以汕头、潮州、揭阳三市的诵读音频，既可以为幼儿提供学习潮汕童谣的载体，也可以为幼儿园教师开展潮汕童谣教育活动提供素材，至此，潮汕地区终于有一套市场流通的面向学前教育的潮汕童谣教材。

潮汕童谣幼儿园教程开发支持系统的建设构想

把潮汕优秀传统文化融入幼儿园课程和教材体系，需要多方力量积极主动地参与，构建一支强有力的“跨界”专业队伍组成潮汕童谣教程编写团队，队伍的构成离不开政府有关部门的工作人员、潮汕文化研究专家、潮汕童谣研究专家、高校学前教育专家、教育技术学专家、幼儿园管理者和教师及社会有识之士，由政府工作人员组织协调多方力量共同协作。潮汕文化研究专家对童谣中蕴含的潮汕文化做专业解读，童谣研究专家对童谣的表现手法、韵律、节奏等方面做专业把握，学前教育专家对童谣教育活动的设计理念与策略做专业指导，教育技术学专家对童谣教育资源开发提供技术支持，幼儿园管理者和教师做童谣教程运用实践的检验，社会有识之士根据自身专业特长辅助潮汕童谣教程开发的补充，只有不同能力取向的“跨界”人士的多方参与，才能真正开发出科学的、适宜于本土教育实践的教程。

一、发挥政府部门在潮汕童谣教程开发中的主导作用

政府各部门需要清楚推广普通话不等同于消灭潮汕方言，推广普通话与保护潮汕方言并不是对立的，社会大众既可以学好普通话同时学好潮汕方言，也不能因为方言某些词的不雅而全盘否定方言。政府各部门应营造潮汕童谣传承氛围、加大宣传力度、设立专项经费投入、颁布方言文化及方言教学的政策法规、开展潮汕童谣师资团队培训等有效措施，鼓励承担学前儿童教育的幼儿园、家庭及方言文化爱好者积极参与保护与促进地方文化教育传承的队伍中来。

1. 加大宣传力度，为教程开发提供良好的环境支持

政府对潮汕童谣的重视程度将直接影响社会大众和幼儿园等教育机构对潮汕童谣的认可程度，而潮汕童谣的社会认可度将直接影响其传承的成效。当前幼儿园和家长对潮汕童谣传承的重要性认知仍比较薄弱，虽然愿意开展潮汕童谣教育活动，但多以师资不足、资源欠缺等理由推迟开展潮汕童谣教育活动，多被动等待资源或

政府要求的文件，而不是积极主动地投入到潮汕童谣学习、资源开发等各项工作中，这种声音在调研过程中多次出现，有幼儿园表示前几年教育局有要求的时候就开展过，后来没有要求就没有开展了。因此，政府部门，特别是教育局应肩负引领、促进、保护潮汕童谣的重要职责，积极作为、切实有效地组织开展各项地方文化的保护与促进活动，以政府（教育局）的名义下达文件至各幼儿园，督促幼儿园组织开展潮汕童谣教育活动、组织潮汕童谣教学评比、编写印发潮汕童谣教材等各项有针对性的传承活动。

政府各部门应在潮汕童谣社会认可度上起到引领、示范、带动作用，通过组织多种活动、利用多种宣传媒介提升潮汕童谣的认知、认可度。其中，组织潮汕童谣节就是强有力的宣传手段，如由广东省文明办等部门主办的“岭南童谣节”于 2015 年启动至今已是第五届，每一届都得到全省 21 个地级市的踊跃参与；汕头市龙湖区委宣传部等部门主办、面向汕头市部分幼儿园开展的“潮汕童谣传唱大赛”于 2017 年始至今已是第三届，在汕头市引起比较强烈的反响；潮州市文明办于 2020 年首次面向全网征集童谣原创作品。[①] 潮汕四市可组建由相关部门组成的“潮汕文化传承联席会议”，协调组织开展各项活动，其中的“潮汕童谣节”可参考“岭南童谣节”等比赛的举办模式，面向潮汕四市征集参赛作品，精心组织，并通过新闻媒体等宣传渠道，加大宣传报道，让更多的社会大众认识潮汕童谣的价值并参与潮汕童谣的传承活动中，积极成为正能量的传播者、爱国爱乡精神的弘扬者，并以此为契机，引导孩童认识家乡的文化、节日和风俗，萌发对潮汕文化的热爱之情，从而培养潮汕人的身份认同和家国情怀，培育文化自信。各市政府也可借此树立重视文化建设的良好形象，发挥潮汕文化传承与发展的带头作用，发挥潮汕文化保护与传承使命应有的引领作用。

2. 设立潮汕童谣专项资金项目，为教程开发提供必要的资金扶持

潮汕童谣的创造性转化、创新性发展需要童谣教学资源的多方位开发，需要社会各行业优秀人才全身心地投入，如潮汕童谣的文本研究、动画视频开发、活动设计与教材开发、教学课件和微课开发等。调研发现潮汕方言发音问题是困扰幼儿园教师的重要因素，潮汕四市虽然同属于闽方言区，使用的都是潮汕方言，但各地方的发音、语义均存在较大的差别，就算是潮州市，湘桥区与一路之隔的枫溪区的发音都有些许差异。如何在语音、语义有差异的情况下，更好地传承潮汕童谣？这需要

① 潮州市为培育和践行社会主义核心价值观，丰富广大少年儿童精神文化生活，于 2020 年 6 月由潮州市文明办主办“2020・难忘的记忆”潮州市优秀童谣音像作品征集传唱活动，面向全网征集童谣原创作品。据了解，活动将对征集的作品进行评选，拟选送优秀作品参加省级展演。

凝聚各地区不同人员的共同参与，齐心协力、相互支持才能完成，而这更需要政府有关部门牵线搭桥、资金投入、组织协调。

3. 组织多种形式的培训，为教程开发提供必要的技术支持

培训是专业人员从不成熟到相对成熟发展历程的催化剂，专业的潮汕童谣师资队伍需要具备较全面的潮汕文化知识、专业的幼儿园教育教学能力、潮汕童谣的解读与设计能力。调研发现当前潮州市幼儿园大部分教师的潮汕童谣积累量不足、认知存在偏差、解读能力有限、方言教学能力弱等原因，限制了潮汕童谣在幼儿园的开展。有关部门如能以政府的名义组织潮汕童谣的讲座、研讨会等培训活动，邀请潮汕文化专家、潮汕童谣研究者、高校学前教育专业教师等为幼儿园教师提供解答、指导；充分发挥潮汕童谣开展得比较好的幼儿园的辐射作用，定期或不定期地面向其他幼儿园开展开放性的教研活动，必将能提高潮汕童谣教程开发力度，助力幼儿园开展潮汕童谣教育活动，促进潮汕童谣及方言文化的保护与传承。

二、发挥高校在潮汕童谣教程开发中的资源优势

高校肩负着传承优秀传统文化的重要使命，且具备潮汕童谣教材开发必不可缺的基础保障，高校应积极发挥其优势作用，主动参与潮汕童谣教程的开发，为潮汕童谣的传承助力。

1. 多专业的师资力量，便于整合潮汕童谣教程开发的人力资源

地处潮州市的韩山师范学院拥有雄厚的潮汕文化研究团队、潮汕童谣研究团队、学前教育和教育技术学等专业的优秀师资和学生团队，可以为潮汕童谣教材开发提供充足的人力资源，还可充分利用社团、学生会等学生组织发动学生，组建潮汕童谣大学生志愿者队伍，定期开展潮汕童谣辅导、培训、试讲、实践等教研活动，如教育科学学院已组织多支围绕潮汕童谣开展的学生课外研究小组，定期组织学生志愿者团队设计潮汕童谣活动方案，在活动前试讲、教研的基础上到合作园实践、教研，并把修改后的活动方案运用于其他幼儿园进行验证，通过“设计→第一轮教研→修改→第二轮教研→幼儿园实践→第三轮教研→修改→幼儿园验证→修改→完善”一系列过程，历练了大学生志愿者团队的潮汕童谣设计与组织能力，也为师资力量薄弱的幼儿园提供一定的师资补给，同时通过教研活动推动了幼儿园教师的专业成长，更为潮汕童谣教程开发积累了有效的资源。

2. 丰富的资源和研究平台，为潮汕童谣教程开发提供物质基础

韩山师范学院拥有粤东地区规模最大、品类最齐全的多功能信息化图书馆和设

备精良的实验实训室，可为潮汕童谣教程开发提供配置合理的现代化开发环境；学校一向重视潮汕文化传承与研究、基础教育研究且制度完善；学校服务于地方教育的“粤东基础教育发展研究中心”、广东省协同育人平台“粤东教师专业发展联盟”能为潮汕童谣教程开发提供必要的支持。

3. 注重发挥培训的带动作用，为潮汕童谣教程开发的可持续发展提供技术保障

韩山师范学院教师培训事业起步早、服务范围宽、经验丰富，有力地推动了广东省，特别是粤东四市中小学幼儿园教师队伍的发展，在全省具有较大的影响力。潮汕童谣数量庞大，据林朝虹、林伦伦收集整理就有千余首，事实上，在广大的潮汕地区及海内外潮人聚集地，应有大量的潮汕童谣还没进入学者们的视野，还在靠祖辈的口耳吟诵保留着。因此，潮汕童谣教程开发是一个长期的过程，需要更多的人员参与，而且教程需要不断地完善和可再生发展，培训可确保开发出来的教程具有较大的适应性，可以更好地运用于各地幼儿园的实践，还可确保教程开发成员的不断壮大与开发能力的提升，从而满足潮汕童谣教程持续开发、完善的需要。

三、发挥幼儿园在潮汕童谣教程开发中的实践优势

幼儿园需要充分认识到潮汕童谣所蕴含的丰富文化内涵，既涵盖了潮汕文化各个领域的教育内容，也可挖掘幼儿园德智体美劳全面发展的教育价值；既适用于五大领域活动的开展，也适用于主题教育活动的开展；既适用于集体教学活动，也适用于区域教育活动；既适宜使用多种吟诵手段，也适宜使用游戏、情境表演方式，其包容性、强大的可利用性是幼儿园不可多得的潮汕文化资源。幼儿园需要改变被动等待资源提供或硬性开展要求的局势，充分发挥实践是检验真理的唯一途径的优势作用，主动取得社会各界力量的智力、技术等方面的支持，建立潮汕童谣教程开发小组，根据幼儿园的实际情况开展潮汕童谣的教研活动，加大经费投入支持教师的开发工作，与多方合作开发潮汕童谣教程及其配套产品，并在实践中不断验证、完善，积极承担传承潮汕童谣及其承载的文化的使命，同时，潮汕童谣教程开发实践也是促进幼儿园教师专业发展的强有力手段。

四、发挥家庭在潮汕童谣教程开发中的堡垒作用

随着普通话的普及和多元文化的碰撞，年轻家长愈加重视普通话，且部分外地

家长对潮汕方言的学习持无所谓或反对的态度，导致潮汕童谣在幼儿园的开展遇到了一些阻力。其实，低龄儿童对本土文化的感知、体验、领悟主要源自于家庭和社区，美国教育家加德纳 (Howard Gardner) 提出理想的教育要为儿童提供“深入社区的学习”时机，把儿童带进社区，还强调要“把社区引入学校”[①]，家庭生活处处是本土文化的教育资源，到处都有潮汕童谣描绘的生活图景，也是孩童最早接受潮汕童谣及潮汕文化的生活场所，因此，家庭应与幼儿园、社区密切合作，根据自身的职业优势、兴趣特长和人际关系等家庭人力资源，综合利用各种教育资源，主动充实到潮汕童谣教程开发的队伍中，支持并配合幼儿园开展潮汕童谣教育及教程等资源开发，为孩童学习潮汕童谣、学习潮汕文化创造良好的条件，引导幼儿“学习用平等、接纳和尊重的态度对待差异……感知文化的多样性和差异性，理解人们之间是平等的，应该互相尊重、友好相处”[②]等文化意识，并利用灵活、时效性强的家庭教育优势拓展孩童生活与学习的空间，主动完成幼儿园教育的延伸和深入的职责。

五、发挥“非遗”传承人、社会大众在潮汕童谣教程开发中的群策群力之效

联合国教科文组织在《保护非物质文化遗产公约》对保护的界定包括“确认、立档、研究、保存、保护、宣传、弘扬、传承和振兴”，“非遗”项目需要各个层面、全方位的措施加以保护，这需要发挥“非遗”传承人的引领作用，并整合社会大众的群体智慧才能真正起到保护的作用。承担“民族的脊梁”的“非遗”传承人是推进“非遗”赓续的主要力量，他们在利用自己的智慧、才艺和精神展现、弘扬和传承人类的伟大文明成果。潮汕童谣作为一种民间口头文学流传千百年，如何在当前多元文化、方言式微背景下让其呈现“逆生长”模样焕发迷人的风采是“非遗”传承人思考的主要命题。据了解，省级潮州歌谣“非遗”传承人林朝虹老师近几年组织了一支队伍致力于潮汕歌谣的推广工作之中，开发了部分歌谣的动画作品和音乐作品，在部分小学、幼儿园开展课堂教学等传承实践活动，促进了社会大众对潮汕童谣的认知程度，也激发了部分小学、幼儿园的参与热情。

据调查，除了“非遗”传承人及其带领的团队外，还有部分民众致力于潮汕童

① 加德纳．多元智能与教育 [M]. 沈致隆，译．北京：新华出版社，1999:83–85.

② 关于印发《3–6 岁儿童学习与发展指导》的通知 [EB/OL].（2012–10–09）. http://www.moe.gov.cn/srcsite/A06/s3327/201210/t20121009_143254.html.

谣的宣传与弘扬，如潮州市的徐榛女士及其团队利用语音清晰、节奏感强、感情丰富的声音配以与童谣内涵接近的图片，在抖音 APP 上传播，产生了一定的影响；汕头电台黄斌通过“童谣分享会”活动及“斌说潮汕”微信公众号在汕头产生了很大的影响等。此外，应该还有很多并没有进入我们调研视角的人群和形式在致力于潮汕童谣的保护与传承。

潮汕童谣的保护与传承不能只着眼于潮州市，而应将视野放诸潮汕四市和海内外潮人群体，由政府牵线搭桥整合社会大众的力量，以“非遗”传承人为中心，形成一支强有力的传承队伍，共同开发潮汕童谣教材等资源，积极为潮汕童谣注入持久的生命力。

潮汕童谣幼儿园教程编写理念

潮汕童谣教育传承的有效性需要以合适的教程为依托，潮汕童谣幼儿园教程是潮汕文化的重要载体，而潮汕童谣所承载的文化具有无限性、复杂性与教程的有限性、价值性之间存在着或多或少的矛盾，因此，需要从潮汕文化的视角对其进行设计与开发，通过一定的撷取和排斥，以物化的形式记录适宜于学前教育阶段开展的潮汕文化，实现潮汕文化的不断延续。

一、以民俗学为选择视角，见证历史

在既有的潮汕童谣研究中，有学者[①]从民间文学的角度开展研究，认为潮汕方言歌谣属于非物质文化遗产的“民间文学”类别；有学者[②]则认同“童谣”是介乎民间文学与儿童文学之间的边缘性体裁，而将潮汕方言童谣置于儿童文学的视野进行研究。钟敬文主张民俗学任务是“用科学的方法，尽可能搜集流传在广大群众当中的生活、文化活动现象（包括相关的思想、感情和想象的现象），加以整理研究，借以阐明一向不被重视的、真实的民众的文化活动及精神状态和特点”[③]。潮汕童谣是千百年来潮汕先民在生活、劳动过程中创造出来的口传文学作品，代表着某一时代潮汕先民的群体意识、规则、民风民俗和时代特征等，所以当前流传的潮汕童谣不管其内容是否与时代声音相适应，均具有其存在的特殊价值，因此，笔者倾向于将潮汕童谣当作民间文学现象进行整体性把握，从民俗学的视角进行教程选编，编排过程中不仅要关注童谣的语言形式，更应注重考察潮汕童谣反映出来的生活情境、群体精神、族群心理，以此留住记忆、记住乡愁。以童谣《雨哩大大点》为例：

① 林朝虹，林伦伦．潮汕民间文学多模态传承体系的构建及其传播路径 [J]．文化遗产，2016（1）：96-103.

② 冯丽军．潮汕方言童谣研究中的两个问题：基于儿童文学的视角 [J]．韩山师范学院学报，2015（4）：8-11.

③ 钟敬文．钟敬文民俗学论集 [M]．上海：上海文艺出版社，1998：238.

雨哩大大点

雨哩大大点，老猴出来睒；
睒着包哩烧，爱食无米票。

本首童谣描述的是 20 世纪 50 年代初，战乱创伤未愈，生产力水平低下，物资奇缺，商品流通无序。为缓解部分商品供不应求的矛盾，防止商品“走后门”，保障消费者最低需求，对涉及国计民生的紧缺商品，实行计划定量，凭票证供应而实行“凭票供应”消费方式，这种消费方式实行时间并不长，而且也不复存在，这段经历对于现在的孩童、甚至是幼儿园老师来说都是陌生的存在，在与幼儿园教师探讨这首童谣时，曾有教师以为“米票”就是购买大米的钱。亲历者仍健在，但那段“无粮票没饭吃、无布票没衣穿”的艰难岁月却已被遗忘，这不得不令人扼腕痛惜。因此，潮汕童谣教程的编写不应以时代已变迁为由将其排斥在外，而应引导幼儿认识当时流通的粮票、肉票、布票等票证，理解“有钱莫忘无钱难，饱时要记饿时饥”的道理，在感受当今物质生活的丰富和便利之余萌发珍惜美好生活的积极情感。诸如此类型的童谣还有很多，如《天顶飞雁鹅》《一溪目汁一船人》《米碎草》《荷兰豆叶》等等。

二、以童真童趣为突出特点，尊重人性

“教育领域存在着三大基本定律，适用于人类的所有教育领域，并使得教育区别于其他领域，最终决定并影响着教育的现实存在和发展。教育三大基本定律：教育在实施中必须发展学生的天赋（学生的发展天赋是教育存在的前提性基础）；教育在发展上必须适应社会的发展（推动社会发展是教育的方向性规律）；教育在价值基础上必须尊重人性（符合人性是教育的道德价值基础）。”① 如果教育失去对人性的尊重，失去教育道德使命的异化终将令教育失去存在的价值，基于此认识，潮汕童谣教程的编制需要强调人性的尊重与张扬。

拍球歌

一油堆，二油擂，
双（三）头尖，四菜馃，
五缚粽，六甜馃，

① 冉亚辉．试论教育的三大基本定律 [J]. 重庆师范大学学报（哲学社会科学版），2016（5）：103-107.

七挲包，八酵粿。
酵粿涂鳅空，糕粿踏步层。
乌龟包甜馅，食了免分人；
一块分人哩过少，二块分人哩唔甘。

这首童谣塑造了一个因为潮汕粿品太好吃而不舍得与他人分享的小可爱形象，活泼伶俐的形象跃然纸上，充满童趣。对自己珍爱的东西难以做到分享是人性的本真体现，故教程设计时，可以启发式思考的问题引导幼儿理解、接纳不舍得与他人分享的行为："童谣里的小朋友为什么不舍得跟别人分享？你在什么时候不舍得把好吃的东西分给别人呢？太好吃了，小朋友都不舍得分给其他人吃，怎么办才好呢？"这几个问题并没有标准答案，也无须标准答案，因为"不舍得"的情绪与行为本就是人性的直接表现，不需要特别地强调或修正，只需幼儿自由表达即可。因此，在教程编排的时候，把童谣名称《拍球歌》修改为《好吃唔甘分》，希望通过童谣的名称引领幼儿园教师、社会大众关注儿童的童真、尊重天性，从儿童的视角去看到"不舍得"分享的情绪与行为，只有尊重这种情绪和行为，儿童才能真正实现成人社会的"分享"要求。

分析童谣《擎支雨遮等阿姑》时，幼儿园教师容易把童谣理解为"写的是姑姑出嫁后回娘家时，侄子们抢着要姑姑的东西吃，搅得姑姑不开心"。在引导幼儿学习童谣时，容易传达"看到好吃、想吃的东西"时，不要"拼"，应该等待大人的安排，但孩童看到其他人拥有好吃、好玩的东西也想拥有是正常的天性，童谣是以成人的眼光去看待孩童"拼"的行为，而无法站在孩童的视角去看待当时情境下的孩童需求，因此，教程在设计的时候，重点引导幼儿理解："是谁说'阿姑去了下次唔敢来'？阿姑真的不敢来吗？阿姑听到阿桃和阿李说'阿姑去了唔敢来'，阿姑会说什么话？"以问题的形式帮助幼儿理解成人社会的规则，更是希望幼儿在问题的思考与表达中，学会接纳"拼"的行为，而不是学习做个懂事的"小大人"。

三、以社会主义核心价值观为引领，正向表达

基于民俗学的视角进行潮汕童谣教程的内容筛选，就意味着所有流传的潮汕童谣均可进入教程的编写与设计之中，但随着时代的发展，有些带有封建迷信或人性弱点的童谣内容需以正向表达为原则，注重分析潮汕童谣中蕴含的精神内涵，以社会主义核心价值观为引领，进行颂扬性解读或创造性解读，力求在理解潮汕童谣内

涵的基础上，感受潮汕人优秀的精神特质，体悟潮汕童谣中的精神涵养，引导幼儿树立正确的价值观。

1. 正向表达之颂扬性解读

潮汕童谣中不乏讽刺人性弱点的作品，这些童谣承载着潮汕人对某些现象的评判与扬弃，体现了潮汕人的价值取向和价值判断，是潮汕人精神特质所不可或缺的反映，在编排教程时，需根据幼儿的理解能力做正面颂扬的解读。如童谣《门脚一丛梨》原题意是“嘲笑一些男人过分挑剔苛求对象，反而得不到好结果。‘门脚一丛梨，数来数去三百个；阮厝阿兄会择姾，择着个姾无下颏。门脚一丛柑，数来数去三百三，阮厝阿兄会择姾，择着个姾长短脚。’这是一首很有意思的戏谑歌”[①]。从原题意的视角解释童谣的话，很难帮助幼儿理解什么是挑剔、如何才是不过分地挑剔？诸如此类童谣，应坚持正面原则，以颂扬为出发点进行新时代的解读，既可以帮助幼儿理解童谣，又可帮助幼儿感受潮汕人的文化特质或精神心理。如该童谣建议从颂扬的角度解题为：“潮汕地区位于广东省与福建省的连接处，地处中国东南沿海，被称为‘省尾国角’，三面背山，一面向海，气候宜人，境内虽有富饶的潮汕平原，但常有台风与地震威胁，而且地少人多，特殊的地理因素培养了潮汕人拼搏、务实、精细、团结等特点。童谣《门脚一丛梨》好似戏谑一些男性由于过于挑剔、苛求对象而娶到有缺陷的妻子，实则在颂扬阿兄娶妻娶贤、不看重外表的高尚品德。本童谣集中体现了潮汕人务实的精神品质。通过童谣的学习，帮助幼儿体会潮汕童谣借景（人）寓意的表达方式，懂得不能以貌取人的道理，感受潮汕人务实的精神品质。”在教育活动开展的过程中，要求教师不能以原解题中的“戏谑”语气诵读童谣，而应以“轻松、赞赏”的语气来表达童谣，并以创编故事作为理解童谣的载体。童谣《一只鸡囝咽咽呼》：“一只鸡囝咽咽呼，走去大路待阿姑；阿姑有钱唔坐轿，跋到一身尽是塗。一只鸡囝咽咽啼，走去大路待阿姨；阿姨有钱唔坐轿，跋到一身尽是泥。”原解题为：“用孩子的眼光看事情，认为姑姑、阿姨有钱不坐轿子弄得一身泥巴，真是不值得。”[②]有不少学者在解读的时候倾向于将童谣里的“阿姑、阿姨”解读为“小气、吝啬”的形象，但笔者更倾向于从颂扬的角度进行解读：“富从升斗起，穷因弃小钱”——财富通常都是靠点滴积累起来的，特别是在原始积累阶段，潮汕人深谙“错碎扌克胶郎”（将零碎的东西收集起来，凑成整数）的道理，许许多多的潮

① 林朝虹，林伦伦.精选潮汕方言童谣[M].广州：花城出版社，2013：107.
② 林朝虹，林伦伦.精选潮汕方言童谣[M].广州：花城出版社，2013：89.

汕人正是靠着勤俭节约、点滴积累而白手起家的，他们“卖缶食缺，卖草席睡草席蒂（卖瓷器的用缺损的碗吃饭，卖席子的睡卖剩下的烂席子）”，每一分每一厘的成本都不会浪费。童谣《一只鸡囝啯啯呼》看似塑造了“有钱不坐轿子”的小气形象，实则塑造了“花钱花在刀刃上，避免不必要的浪费”的理性形象。通过童谣的学习，引导幼儿理解阿姑、阿姨不舍得坐轿的原因，萌发勤俭节约的美好品质。

2. 正面表达之创造性解读

童谣流传千百年，自然存在某一历史阶段的思想映射，是某一时期潮汕人思想意识或生活方式的体现，这些就需要根据新时代的价值观做创造性解读。如童谣《一螺坐硿硿》在潮汕地区广为流传，以“指纹”为主题、语言表达形式与本首童谣相似的童谣在其他地方也广为流传，如徽州童谣《看螺纹》：“一螺穷二螺富，三螺四螺开当铺；五螺六螺背花篓，七螺八螺坐着走；九螺十螺享清福。”“一螺穷，二螺富；三螺造酒醋，四螺卖豆腐；五螺惯刀枪（好武），六螺杀爹娘；七螺七，去讨饭（做乞丐）；八螺八，做菩萨；九螺九，做太守；十螺全，中状元。”对于此种流传范围广泛的童谣，在进行教程选编时如因其封建落后的迷信思想而将其淘汰，只能说是在营造所谓的“教育真空”环境，孩童一旦离开这一“教育真空”环境，负面影响反而可能更深刻，作为教育者不如将其选编进教程中，以正面原则进行创造性解读。如可将童谣设计为一个故事：“古时候的乡村里，有兄弟二人幼时听邻里诵读《一螺坐硿硿》的童谣，迷信十螺会做官的哥哥不再认真读书，整天做着‘状元’梦，长大后成了一个邋遢的乞丐；只有八螺的弟弟不相信“乞丐”的命运而努力学习，长大后考上了状元。当弟弟衣锦回乡看到哥哥时，劝他破除迷信、发奋图强，兄弟二人决定互帮互助、一起奋斗，做一个对社会有用之人。”通过创造性的故事创编，引导幼儿理解只有努力奋斗才能实现美好的人生，感受潮汕人不信天命、拼搏奋斗的精神特质，更好地帮助幼儿种下一颗努力的种子，产生对此类型童谣或信息的免疫力，这才是教育的价值所在，而不是一味地回避封建迷信，创造“教育真空”环境。

童谣《挨啊挨》体现了潮汕人在对待物品、动物、男性、女性的价值取向是不相同的，反映了封建父权社会落后的重男轻女思想，这种思想与当代价值取向相悖，但也有其产生的社会因素，如男性的体力天然优于女性，在资源匮乏的时代里，意味着可以获得更多的食物，为家庭的生存争取更多的机会，因此在人类的进化过程中形成了一种思维定式：男性具有社会性的天然优势，这种思维定式不仅存在潮汕地区，也存在于世界各地。随着文明的进程，重男轻女的思想已逐渐退出时代的主流，但在不少地方仍然存在着，急需彻底改变这种思想，作为承担教化使命的教育就需正视这种落后的思想，对新一代施以正确引导。本童谣可通过对过去困苦与现在美好生活的直观对比，帮助幼儿理解童谣“饲阿弟来落书斋，饲阿妹来雇人骂”的客观原因，并引导幼儿对此进行改编，由幼儿创作为“饲阿弟、阿妹来落书斋”。通过理解童谣、改编童谣，在幼儿的心里植下一颗男女平等的种子，希望他们在成长过程中，能比较客观地看待当前社会个别重男轻女的现象评价或要求。

四、以潮汕童谣的学习为始点，引领拓展

潮汕童谣教程是潮汕童谣内容的呈现形式，是幼儿园教师和幼儿开展潮汕童谣教育活动的重要课程资源，在教程编写过程中，应力求实用、有效、拓展等原则，将潮汕童谣教程的结构列为“设计意图、活动目标、活动准备、活动过程、活动延伸、活动亮点”等六部分内容，其中的“设计意图”以分享童谣相关的背景为主要表达内容，帮助幼儿园教师更好地解读童谣，以弥补当前幼儿园教师童谣解读能力弱的现实困境；“活动目标”是活动的出发点、归宿，适宜与否将直接决定活动的成效，通过多方斟酌与实践检验，制订的活动目标更符合童谣学习的需要，希望幼儿园教师能以此为活动过程的准则和依据，助力潮汕童谣活动的开展；“活动亮点”是对活动过程的整体反思，能为幼儿园教师在自身实践基础上的进一步体悟反思提供模板或参考；“活动过程”关注幼儿好玩、好奇、好动的学习特点，活动的设计注重实用性、有效性，关注的重点是幼儿能否在理解的基础上学会童谣，所以要求完整呈现与童谣主题密切相关的启发式问题、重点过渡语、游戏玩法与规则、生动形象的故事情节等内容，幼儿园教师可直接使用或在此基础上另行设计；“活动延伸”与“活动准备”前后呼应，将童谣放置于幼儿园整体活动之中，内容全面、多样化，分别从集体活动、区域活动和家园合作三个方面提供可拓展的活动类型、名称和思路，引领幼儿园教师拓展思路和视野，而不是将视线单纯地聚焦于本首童谣之中。如潮汕童谣《四角天井好铺枋》的“设计意图”主要是介绍潮汕地区的传统民居建筑特色，重点介绍“天井”的意蕴、功能、形状等内容。“活动过程”以视频导入活动初步感知嫁娶的习俗，重点讲解童谣的内涵，并设计角色扮演游戏“娶新妇”帮助幼儿进一步理解童谣，感知潮汕传统婚嫁文化的迎娶习俗，感受童谣洋溢着的迎娶新人、喜气洋洋的热闹氛围。“活动延伸”建议将“集体活动”设计为社会活动“甜蜜

一家人”和“与众不同的潮汕房子”、绘画活动“娶新娘”、体育活动“我是小小建筑师”，将区域活动设计为角色区“过家家”、建构区“潮汕房子”、阅读区“绘本《建筑工地》《小小建筑师》《我和爷爷的建筑之旅》《乔伊想当建筑师》……”、美工区“漂亮的潮汕房子”，在家园合作方面，建议“请家长带领孩子搜集或请家长到幼儿园介绍潮汕民居建筑、潮汕婚嫁习俗的资料，亲子诵读童谣《四角天井好铺枋》”。

五、以潮汕童谣的理解为基础，深入解读

潮汕童谣包含了潮汕地区的风土人情、民俗文化、精神特质，体现了历史、地理、艺术、美学、工艺技术等多学科多领域的知识，是显性知识与缄默知识的结合，对潮汕童谣的理解其实就是对潮汕文化的理解。理解是学前儿童传承潮汕文化的前提，“你所不理解的东西是你无法占有的”[①]，学前儿童的意义识记效果要明显优于机械记忆，他们的知识经验和对识记理解程度将直接影响记忆的保持时间和保持深度，所以，“理解”是幼儿学习的应然诉求，是潮汕童谣传承的关键，更是学前教育应有的教育立场。因此，在潮汕童谣教程编排过程中，应着眼于学前儿童对潮汕童谣内涵和意义的理解，才能感受到潮汕人优秀的精神特质和潮汕文化的独特魅力，才能萌发对家乡文化和潮汕人身份的认同感，真正地实现潮汕童谣及其承载的潮汕文化的教育传承。

潮汕童谣教程对于“理解”的第一层解读是能懂得童谣字里行间的意思，并能用自己的语言表达对童谣内涵的理解。如《南风去了东风来》是一首与潮汕地区地理位置、气候条件等有关的地方风物童谣，在潮汕童谣教程开发的初期，发现幼儿园教师以图片或图谱的形式帮助幼儿识记童谣，幼儿能快速学会诵读童谣，但在面对“东风来了是谁笑面开”“鱼虾为什么是东风送来的，不是渔民从海里捕来的吗”的问题时，幼儿能快速回应第一个问题，但对于第二个问题却出现无法应答的迷茫状态，可见，幼儿学会诵读童谣并不意味着他已经真正理解、掌握童谣，单纯反映童谣内容的图片并不能令幼儿理解童谣字里行间的意思。于是，在编排教程时，将“掠鱼都是东风力”定为难点句子，通过科学实验《小船为什么会动》帮助幼儿直观理解季风、洋流的作用，结合东南季风的视频讲解渔民捕鱼受到季风、洋流等因素影响的知识，令幼儿能快速应答“鱼虾为什么是东风送来的，不是渔民从海里捕来

① 歌德．歌德的格言和感想集 [M]．程代熙，张惠民译．北京：中国社会科学出版社，1982.

的吗”等问题，也更快速地掌握童谣的全部内容，实现独立、准确读出童谣的目标。

潮汕童谣教程对于“理解”的第二层解读是能懂得童谣内容潜藏的逻辑关系。如潮汕人摇篮曲《拥呀拥》表达了潮汕人对子孙富足美好生活的寄托，有学者认为“黄牛生马团，马团生珍珠”是文学作品中的无厘头表达，不必进行解释，但这种主张在教程开发实践中受到了来自于幼儿的质疑，有幼儿问：“老师，为什么黄牛会生马团？马团会生珍珠？”黄牛妈妈与小黄牛、马妈妈与小马仔、蚌与珍珠的对应关系，既是常识也是当前科学领域所确认的知识，如果没有解释清楚这两句童谣的真实意思，将会令幼儿产生无可适从的困惑。或许我们可以从文学作品的无厘头表达或现代基因工程的研究等角度进行解读，但对于幼儿来说，这种解读是难以理解的深奥知识。于是，教程开发时，重点引导幼儿理解“黄牛与马团”“马团与珍珠”的逻辑关系——买卖（钱），当呈现这种逻辑关系时，幼儿即能快速理解这两句童谣的意思，并能用口头语言讲述这首童谣的内容。如《天顶一园草》是一首谜语童谣，如果从童谣“上下”“里外”的逻辑关系着手的话，童谣的学习将变得非常简单容易，活动目标将能快速、高效地实现。

潮汕童谣教程开发对于“理解”的第三层解读是能根据童谣的主题迁移经验，并能用自己的方式自由表达对童谣主题的理解。如童谣《鸭团会撑船》承载着潮汕人“父慈子孝、尊老爱幼”的传统思想，在理解、学习童谣后，结合“全家福”相片，在问题“我跟家里人在一起的心情是什么样的，我的家里人是怎样照顾我的，我是如何对待家里人的”的引导下自由表达已有的生活经验；童谣《门脚一丛桃》从儿童的视角、以轻松诙谐的口吻呈现了潮汕人左邻右舍融洽相处的睦邻关系，特设计由“你跟别人借过东西吗，你是怎样借的，别人为什么愿意借给你？别人跟你借过东西吗，他是怎样借的，你愿意借给他吗，为什么？”等问题组成的迁移童谣经验的环节，让幼儿在自由表达的过程中，将已有的生活经验与童谣经验产生联结关系，使幼儿利用生活经验提升对童谣情节、内容、画面情景的把握及对主题的理解，并能用语言、表情、动作等方式自由表达，令幼儿学习童谣的过程成为积累经验、丰富经验、拓展经验的过程。

潮汕童谣教程对于“理解”的第四层解读是懂得展现移情，并能用自己的方式表现对童谣角色的共情。如童谣《小小生理好安家》讲述了潮汕人相信只要凭借自己的辛勤劳作和聪明才智，生意虽小也一定能养家糊口、积累财富，就像是一颗小小的豆子也能让生活变得很美好。教程设计了以勤劳的牛哥和大头弟聊家常的方式介绍童谣及讲解童谣的内涵，让幼儿感受潮汕人勤劳致富、吃苦耐劳、愿意从小事做起的优良品质，并设计了“迁移童谣经验，自由表达”的环节，以大头弟的问题“小朋友们，你喜欢牛哥吗？”“如果你在菜市场遇到像牛哥一样做小生意的人，你会对他们做什么？会对他们说什么？”引导幼儿自由表达对童谣角色的共情。如童谣《一只鸡团啯啯呼》看似塑造了“有钱不坐轿子”的小气形象，实则塑造了“花钱花在刀刃上，避免不必要的浪费”的理性形象，体现了潮汕人“富从升斗起，穷因弃小钱”的优秀品质。在教程开发时可着重设计小朋友和姑姑、阿姨对话的环节，由老师扮演小朋友，幼儿扮演姑姑、阿姨。（老师）问：“姑姑、阿姨，你们为什么有钱不坐轿？”由小朋友（姑姑、阿姨）回答，通过角色的互换，引发幼儿主动思考、表达，向幼儿提供一个将童谣作品经验与对潮汕人精神特质理解有机结合的机会，提升幼儿的积极情感。

潮汕童谣教程对于“理解”的第五层解读是逐渐形成尊重、认同家乡本土优秀文化，萌发对中华优秀传统文化的认同感。如《畲歌畲嘻嘻》是一首展现自信的歌者形象的潮汕童谣，也是潮汕先民为展示博学多才而举行的斗畲歌活动序幕的开篇之作。通过米筛 / 簸箕与小碗形状比较、一千八百与一百八十的数量比较，让幼儿直观感受潮汕先民才高八斗的文化形象，自觉萌发自豪感和学习潮汕童谣的斗志和信心。通过对潮汕童谣中潮汕人“饱学”“勤劳”“谦让”“节俭”“重内在轻外表”等优秀精神品质的挖掘和解读，塑造饱满、具体、生动的童谣人物形象，以童谣的人物形象拉近幼儿与童谣作品之间的距离，将沉淀在童谣中的本土风情、行为规范、情感态度、价值观念以鲜明可见的形式呈现，注重幼儿的感知、体验、想象、感受、感悟、动情，让幼儿全身心地“拥抱”童谣这一生命客体，在时光的岁月中生根发芽，喷发出文化的生命力。

基于理解的潮汕童谣幼儿园活动设计策略

潮汕童谣教材设计与教学是教材开发的一体两面，教学策略与教材是统一的——教学策略总是特定教材的策略，教材总是策略化的。如何才能真正发挥潮汕童谣教材的有效性是编写者最为关注的重点，在教材设计环节就积极思考和探索优秀传统文化的现实意义和融入方式，力图让优秀传统文化的精髓得到充分展现，并在教育教学环节综合运用多种途径、手段让幼儿理解和感受，力图以潮汕人的精神气质涵养新生代孩童，真正达到传承的价值。

一、准确定位最近发展区，重视幼儿已有经验

维果茨基的最近发展区揭示了幼儿存在现实水平和可能水平，潮汕童谣的理解与学习对幼儿来说，也必然存在最近发展区，幼儿园教师作为专业教育者，需要运用发展的眼光，细心发掘幼儿自身还没表现出来的潜在能力，协助儿童跨越其自身所不清楚或自身无法独立完成跨越的最近发展区，帮助其达到一个更高的发展水平。为了更好地实现教育教学走在幼儿发展的前面，理解潮汕童谣及其承载的潮汕文化的目标，幼儿园教师在开展潮汕童谣教育活动之前需关注他们当下的现有水平，即他们具备哪些理解童谣的已有经验，使教育活动过程成为其已有经验和新知之间联结的桥梁。在进行潮汕童谣教育活动时，幼儿园教师需要多视角解读童谣，寻找童谣与幼儿已有经验的联结点，顺利实现童谣学习的目标，只有基于幼儿已有经验的潮汕童谣学习才是潮汕文化传承应有的本质追寻。如童谣《雨哩大大点》，“购买东西需要钱，很想要某种东西却不可得的心情”是幼儿已有的生活经验，即幼儿的“现实水平”；“米票”及那段艰苦岁月是幼儿通过活动“可能”获得的经验，即幼儿能在教师引导下实现的“可能水平”，这两种“水平”之间的跨越需要幼儿园教师结合图片、视频进行生动、形象的讲解和角色扮演等形式加以实现。因此，将“爱食无米票”定位为童谣的重点句子，引导幼儿运用已有经验理解“爱食无米票”的无奈与失落，幼儿能用同情的情绪、语调诵读童谣，从而感受当今物质生活的丰富和

便利，萌发珍惜当今生活的美好情感，在实现活动目标的同时，更是记住历史、留下记忆。如童谣《有父有母有脚兜》对于幼儿来说，父母、兄弟姐妹是靠山的道理是难以理解的，但幼儿具备了“家人、好朋友之间开心相处的情绪感受，一束花比一朵花更容易被发现”的生活经验，因此，可请幼儿观看“迎风山坡寸草不生、背风山坡草木茂盛”的视频，帮助幼儿理解父母就如山一样为我们遮风挡雨，让我们更安全地成长，从而理解父母是子女“靠山”之意。并结合小伙伴一起玩耍的图片、草地上一朵花与一束花的对比图片讲解童谣的意思，从而实现最近发展区的跨越—— 掌握词汇“靠山”的含义，并学习用文学语言表现“靠山”一词的具体形式。本首童谣的教学可参考：

“有父有母有脚兜”（出示视频）：迎风一侧的山比较贫瘠，而另一侧的树木则长得很茂盛，说明风直接吹的一侧植物很难生长，而有山挡住风的一侧，植物长得很好，这就是“靠山”，爸爸妈妈就是我们的“靠山”，不管发生什么事，他们都会帮助和保护我们，我们也要好好爱他们哦。

“有兄有弟有路头，有姐有妹有来往”（出示兄弟姐妹一起快乐玩耍的图片）：哥哥、姐姐或弟弟、妹妹是我们的好伙伴，可以跟我们一起玩玩具，我们心情不好的时候，他们会安慰我们，我们要好好相处哦。

“当如好花开一抛”（出示图片）：小朋友们看，图片里的一朵小花好孤独啊，还不容易被发现，但一束花就不一样了，好像有好多好朋友快快乐乐在一起，很容易被大家看到呢，那样才不会不小心被踩掉了。这句话就是告诉我们，我们和爷爷奶奶、爸爸妈妈、哥哥弟弟、姐姐妹妹在一起，就像很多小花在一起一样，不仅有伴，还不会被别人欺负。

在潮汕童谣教育活动过程中，仔细分析、定位幼儿的现实水平和发展水平，准确界定幼儿的最近发展区，以幼儿“实际发展水平”为基础，以促进幼儿“潜在发展水平”的实现为活动的目标，通过多种途径和手段实现新旧知识、技能的联结，在实现理解童谣、学习童谣、感受潮汕文化的同时，实现幼儿向潜在的、更高的水平成长。

二、淡化文字印象，强化全方言教学

潮汕童谣是以潮汕方言为载体的民间文学作品，潮汕方言只有声音没有文字，当前流传或经前人整理的潮汕童谣文本都是以汉字拟音法表达，这种方式容易出现声音与文字不完全对等、文字不一定规范的现象：一是相同的含义在不同的区域发音不一样，写出来的文字也就有所区别，如童谣《放鹅谣》中的“篙儿提起日头出，篙儿放落夗三更”中的“夗”是“睡觉”之意，在潮汕各个地区，“睡觉”一词有嗯 [enh^{8}]、兀 [wu^{8}]、溢 [yi^{8}]、怡 [yi^{6}] 等不同的发音和不同的文字表达形式。二是有些发音是没有相对应的汉字可以表达的，用电脑的拼音或五笔输入法无法输出汉字，故需要通过调整字间距造成新字，如《阿兄读书真离奇》中的“做知猫书读一肚，唔‘讱’猫娘共猫牯”中的“讱”（发音 [bag^{4}]）字是以“讠”和“别”合并而成的字。针对声音与文字不完全对等、文字不一定正确表达声音形态等现象，在开展潮汕童谣学习活动时，建议取消童谣文本的呈现，淡化童谣的文字印象，以图片或视频等方式替代。

全方言教学就是在潮汕童谣教育活动中，幼儿园教师全程以潮汕方言为教学语言的媒介，以方言理解方言文学、以方言引导方言的表达、以方言激发方言学习的兴趣、以方言保护方言的形态，令幼儿在全方言环境中，逐渐积累潮汕方言语词和听说经验，不断提高潮汕方言理解和运用能力的教学形式。“是否应该全方言教学”是潮汕童谣教材开发过程中讨论最为激烈的问题，通过对潮州市部分幼儿园进行调查，发现 90% 的幼儿园管理者和教师认为在潮汕童谣教学活动中不必要使用全方言教学，原因是大部分幼儿具备潮汕方言与普通话两种语言之间相互切换的听辨能力，向外地推广潮汕童谣时也需要两种语言的切换，全方言教学对幼儿园教师的方言教学能力提出更高要求等。但在潮汕童谣教育传承过程中，全方言教学是必不可少的保障，并以此令幼儿园成为潮汕方言保护与传承的重要阵地。

1. 全方言教学是幼儿学习方言的强有力手段

“方言对于方言区的族群来说就是母语，是一种习得的交际与思维、方言文化传承的自然工具”①，联合国教科文组织总干事奥德蕾·阿祖莱在“2018 年国际母语日”致辞中，引述了纳尔逊·曼德拉的一句名言——“若你用一个人能够理解的语言与他交谈，可以言之以理；若你用一个人的母语与他交谈，可以动之以情”，并指出“儿童用母语学习的效果是其他方式难以企及的”②。对于潮汕地区的幼儿来说，潮

① 潘涌，李熹．母语：民族文化的象征 [N]．中国教育报，2018-04-13.

② 联合国新闻第十九个国际母语日：联合国教科文组织重申捍卫和推广语言方面的承诺 [EB/OL].（2018-02-21）. https://news.un.org/zh/story/2018/02/1002951.

汕方言作为母语，是其自然习得、运用经验最为丰富的材料，是最容易唤起生活经验和记忆的工具，也是表达规则和理解程度最高的语言，在进行幼儿园教育活动中，潮汕方言是幼儿最有效的学习、交流工具，幼儿园教师应善于营造潮汕方言语境，利用潮汕方言帮助幼儿理解活动内容、活动任务，引导幼儿进行思考与表达，从而获得更佳的教育效果。

2. 全方言教学是潮汕童谣学习的必要手段

潮汕童谣以潮汕方言为载体，只有运用潮汕方言才能真正地理解、学会潮汕童谣。在潮汕童谣的学习过程中，全方言教学可令教学活动更接近幼儿的日常生活情境，更有利于幼儿运用习得的语言经验理解童谣字里行间的意思，更有利于引发幼儿的情感共鸣，激发幼儿萌生更强的方言文化敏感性和潮汕文化认同感。幼儿园教师应充分利用幼儿的方言经验及母语的学习优势，帮助幼儿借助潮汕方言感知潮汕童谣的趣味性，理解潮汕童谣的文化内涵，学习潮汕童谣的语言材料，运用潮汕方言自由表达对童谣中角色形象的感受和童谣主题的理解，甚至进行童谣的创造性活动，获得最有效的潮汕童谣教育效果。

3. 全方言教学是方言文化传承的必要手段

德国学者哈曼指出："语言是民族的象征，是一个民族从事一切精神活动的和维持社会的联系的必要基础；一个民族的语言，记录着该民族走过的漫长的历史道路。"可以说一个民族把全部文化的痕迹都珍藏在民族的语言里，通过语言（方言）的学习可以传承语言中"最为深刻、精细和丰富地表达、诠释、记载着特定地域的种族群体对自然、社会和精神的理解"[①]的财富。因此，方言的学习是母语文化学习、继承与弘扬的过程，也是民族精神信念、思维方式、思想感情、文化历史的学习过程。"人的母语表达欲和创造欲与生俱来，需要通过后天的母语教育予以充分的释放[②]，潮汕方言作为习得性母语，也需要后天的母语教育提升儿童对母语的运用能力和创造能力。在学习潮汕童谣的过程中，潮汕方言既是学习工具，同时也是学习的内容，幼儿园教师应确保足够的潮汕方言输入量与输出量，以提高潮汕新生代儿童的方言理解能力和运用能力。首先，幼儿园教师需要营造全方言环境，确保幼儿有足够的潮州方言输入量，因为"只有大量的语言输入才有可能促成语言习得的

①② 潘涌，李熹．母语：民族文化的象征 [N]. 中国教育报，2018-04-13.

发生”[①]，同时，语言习得还需要“通过理解性输入，即学习者一定要懂得输入的语言材料”[②]。幼儿园教师应通过有趣的、可理解性的潮汕方言的输入，让幼儿“浸泡”在纯粹的潮汕方言输入环境之中学习、感受、体验，令其在大量方言刺激之下逐渐掌握潮汕方言。其次，方言的学习是在运用中发展起来的，只有“通过语言输出来提高个体对语言的掌握程度”[③]，因此，幼儿园教师应创设幼儿想说、能说、敢说的全方言语言环境，引导幼儿在师幼互动、幼幼交流之间不断收到积极表达效应，激发其方言输出的意识和欲望，在与他人积极反馈的互动过程中，不断地学习、补充、修正，逐步积累而达到方言精通程度。

三、善用童谣联觉教学法，强调多感官参与

多种感官系统紧密联系、共同存在且相互影响，感官系统之间存在着相互引发的连锁效应，是一种特别的认知现象，“一种感觉的感受器受到刺激，会引起另一种性质完全不同的感觉，或者一种感觉同时兼有另一种感觉经验的心理现象”[④]，即为联觉。美国神经心理学家理查德·西托维奇认为联觉是一种遗传状态，具有联觉能力的人在受到某种触发刺激时，其体内另一种有意识的情感或感知会自动被触发，且后产生的这种刺激与之前的触发刺激不同。潮汕童谣是一个开放的系统，需要学习者参与、创造才能释放魅力，幼儿的心灵也是一个开放的系统，在活动中操作、感受、体验、理解和移情，把自己的动作、情感、想象、语言融入潮汕童谣，不断地对童谣作品的形象和语言进行再现、补充、创造。这一学习、创造的过程就是两个开放系统相互作用的过程，也是联觉教学法运用的过程，即通过创设童谣的情境，通过多种材料的提供和现代化教学手段，注重幼儿多感官通道的打通、多感官的交互体验，引导幼儿联系已有的生活经验和表象形象，调动幼儿多感官的参与，在听觉与视觉、动觉、触觉、味觉等感官相互作用下产生联觉体验，让幼儿对童谣角色、情节、主题的体验更加立体、完整。如童谣《凤凰茶》，只有八句七言诗，却分别道出凤凰茶的味道（由苦到甘甜、香）、采摘和制作的讲究、品种、大众的认可度

① 罗立胜，李子男，葛岚．克拉申语言输入说与外语教学 [J]. 清华大学学报（哲学社会科学版），2001 (4) :71−74.

② KRASHEN. The natural approach[M].Oxford:Pergaman Press，1983:32.

③ SWAIN. Communicative competence:some roles of comprehensible input and comprehensible output in its development[A] // Gass，S.&C，Madden.Input in Second Language Acquisition[C].Rowley，MA:Newbury House Publishers，1985:126.

④ 熊宁辉．音画联觉 [J]. 音乐爱好者，2010 (12) :39−41.

等内容，涉及味觉、嗅觉、动觉、触觉、视觉等感官。在学习本首童谣时，可设计茶客慕名到凤凰镇与卖茶阿哥互动的情境，如卖茶阿哥请茶客品茶、带领茶客到茶园观赏茶叶、学习采茶和制茶等。幼儿扮演茶客在“卖茶阿兄”的带领下，自然而然地完成本首童谣的学习。本首童谣从内容的丰富性、用词的诗意性等角度分析的话，其实并不是特别适合幼儿园的小朋友学习，但通过情境的创设、多感官的参与、实际操作与亲身体验，大班的幼儿能在一个教育活动课时中完成理解并诵读童谣的活动目标。因此，建议幼儿园教师在开展潮汕童谣教育活动的时候，多运用童谣联觉教学法，令潮汕童谣成为可感、可触、可表现之物，帮助幼儿更深入地理解童谣、学习童谣，这样不仅可以使潮汕童谣焕发出持续更新的生命力，也可以使幼儿被童谣作品中的精神特质所同化、顺应，从而对家乡本土文化萌发自豪感、成就感，进而产生文化认同和身份认同。

四、巧编故事，突出创设情境

故事是幼儿喜闻乐见的文学形式，在潮汕童谣教程开发过程中，编写组成员发现以故事串联潮汕童谣作品的知识点，将潮汕童谣的主题、内涵、角色、情节以故事讲述的方式，更能帮助幼儿快速地理解潮汕童谣作品。这要求幼儿园教师仔细分析潮汕童谣作品的角色、情节及逻辑关系，以童谣的时间顺序或逻辑顺序为故事情节展开主线，将童谣的内容、内涵寓于生动形象的故事情境之中，用生动有趣的故事情节、人物形象表现童谣、演绎童谣，令幼儿在以主体角色代入故事的推进过程中，发现潮汕童谣作品中的角色关系、情节脉络，理解潮汕童谣作品的逻辑关系，帮助幼儿内化和重构潮汕童谣作品的知识，实现潮汕童谣作品的学习目标。如童谣《钓鱼阿哥空费劳》讲述了阿哥费心费力钓鱼，最终无所收获的故事，反映了现实生活中人们殚精竭虑却依然有可能劳而不获的事实，引导幼儿在揣摩童谣主人公钓鱼阿哥心情的基础上体验钓鱼的不易，萌发尊重劳动者、产生不管遇到什么挫折依然乐观的积极情感。因此，可根据童谣的主题及角色设计故事、讲述童谣改编的故事，在关键情节处以问题的方式设置悬念，引领幼儿以参与者的身份主动思考结果，并以童谣回应幼儿的答案，令故事与童谣相互呼应，也令幼儿直接与故事、童谣互动。故事结尾以“你猜钓鱼阿哥能钓到鱼吗”的问题引发幼儿在续编故事的同时，感受潮汕人挫而不折的乐观精神。

很多家长及幼儿园教师在教孩童学习童谣《打啊打铰刀》时，多以拍手游戏辅助诵读，拍手游戏虽然可以表现童谣的趣味性和可操作性，但依然是以诵读为主的学习方式，对童谣隐藏的逻辑关系的挖掘还不够。其实本首童谣具有强烈的画面感，角色丰富，且涉及商店、大桥、河边、客厅、花园、田野等多种场景切换，“大家共庆丰收年”中的“大家”既是童谣里各个角色的聚合，也是幼儿与童谣中各个角色的聚合，如果以拍手游戏或图片的方式不足以起到良好的理解效果，但如能以某一可爱形象为主线设计情节丰富、角色形象饱满的故事，幼儿将能在故事的氛围中融入自身的情感，主动代入故事角色，更有效地理解童谣、完成童谣的学习目标。

在潮汕童谣教育过程中，故事的运用不仅能帮助幼儿理解童谣的角色形象、情节、内涵及隐藏的逻辑关系，还有利于幼儿进行童谣情境表演，在表演中提升幼儿对童谣的理解、体验、表现和创造，不但可帮助幼儿记忆潮汕童谣作品的内容，还能通过表演升华对童谣内涵的理解，通过演绎而内化潮汕童谣蕴含的核心价值观、精神特质。潮汕童谣短小精悍、语言简练，情境表演需要运用想象创造情节、角色对话或独白、动作、表情等剧本，从童谣进入童谣情境表演需要幼儿园教师根据童谣的情节、内容、角色、主题等要素进行分析和解读，以故事为中介搭建童谣与童谣表演的桥梁，幼儿才能进行饱满、有趣的童谣表演。

五、推动活动游戏化，彰显游戏精神

游戏是促进幼儿感知和探索世界、获得必要的知识经验、模仿和演练社会行为规范、感受自我存在和丰富情感体验的最重要途径，作为幼儿学习的重要方式，已成为学前教育界的共识且被越来越多地运用。游戏精神是指游戏中自由愉悦、超越功利目的、积极向上、平等合作、主动参与等精神特质，“是儿童情感的自我调控和超越，是乐观精神的弘扬和建构，是以想象力、创造力为核心的童年生命形态的激扬与释放”[①]。学者周彦认为幼儿文学的游戏精神是指蕴含在文本之中，通过幼儿游戏的外在特征传达出的、暗合幼儿的审美追求，使他们的诸多愿望能在阅读过程中得以达成的文本精神，游戏精神在文本中的具体表现形态包括“幻想与现实的自由沟通、错位引发的游戏效应、在文本中提供理想的游戏伙伴、在文本中提供快乐的精神游历”[②]，是“儿童文学的审美品格和价值追求，同时也应是儿童文学教育的基本理

① 李学斌．儿童文学与游戏精神 [M]. 南昌：二十一世纪出版社，2011:21，47-48.
② 周彦．试论游戏精神与幼儿文学 [J]. 浙江师大学报，1994（6）：83-88.

念和价值旨归”[①]。研究表明：相对于“一般的、正常的”语言，儿童更喜欢“特别的语言”，比如耍贫嘴、绕口令、对口相声的互相调侃拆台等带有文字游戏意味的语言[②]。潮汕童谣作品中的押韵、重复、对仗、叠音、词汇等元素都能为幼儿制造游戏的乐趣。在幼儿园教育过程中，作为儿童文学的潮汕童谣的游戏精神值得品味和挖掘，从文本、声音、内涵、角色形象、表现手法中发现趣味盎然的游戏元素，将游戏作为一种指向教育目标的策略运用于潮汕童谣教育中，让潮汕童谣教育过程去单调诵读、去说教，重幼儿的体验、理解，重游戏精神的张扬，唤起幼儿的审美情趣和学习兴趣。

1. 以游戏学习潮汕童谣词汇

词汇是约定俗成的语言系统的“建筑材料”，幼儿需要学习并能正确运用社会上的通用词汇，幼儿期是词汇发展的关键期，幼儿园教师可通过语言游戏等途径增加幼儿词汇数量并指导其运用，帮助幼儿更好地掌握常见的词汇，地方方言亦是如此。在众多地方文学作品中，潮汕童谣存在着大量的语言游戏素材，幼儿园教师应善于挖掘童谣中词汇的游戏元素，帮助幼儿增加词汇量的积累与运用。如童谣《东方出个弥勒佛》以幼儿感兴趣的《西游记》中“佛”的形象引出同读音的水果核，有番石榴、龙眼等七种水果核，用简洁的语言生动形象地描绘不同形状水果核的特征，童谣的学习活动可围绕水果核的特征设计词汇游戏“滚来滚去全是核”，在幼儿实物感知词汇的基础上，由游戏动作表现各种各样的水果核特征，进一步提升对形容水果核“四字”词汇特征的理解：

东方出个弥勒佛，（双手在肚子前比画，拟做“大肚子”的形象）南方出个观音佛；（双手在胸前合十，拟做“拜佛”的形象）

错错碎碎木团核，（大家四散站立，拟做没有规律的番石榴籽）

圆滑圆滑龙眼核，（每 4 名幼儿手拉手围成一个个小圆圈，拟做表面光滑的龙眼核）

生毛生毛芒果核，（每 4 名幼儿聚在一起，伸出双手随意晃动，拟做芒果核上的纤维丝）

头尖尾尖橄榄核，（每 4 名幼儿聚在一起，前后各一名幼儿，中间两名并排站立，拟做两头尖尖、中间鼓起的橄榄核）

满面皱纹是桃核，（每 4 名幼儿抱在一起，拟做表面纹路清晰的桃子核）

① 王敏．游戏精神：儿童文学教育的价值旨归 [J]. 教学与管理，2017(15):11–14.

② 方卫平．儿童文学接受之维 [M]. 武汉：湖北少年儿童出版社，1995:56.

外骨中肉杏仁核，（每 4 名幼儿抱在一起，中间空出空间，拟做外壳硬、内有核仁的杏仁核）

滑溜滑溜杨桃核。（每 4 名幼儿手拉手围成一个圆圈，逐次下蹲，拟做摸起来滑溜溜的杨桃核）

核啊核，（在原位置做“立正”动作，拟做被点名之意）

滚来滚去全是核。（哄然散开，可做滚动、跑动、跳跃等尽兴动作。随着游戏的推进，可由扮演弥勒佛、观音佛的幼儿追逐其他扮演“核”的小朋友。）

在众多词汇中，量词是最难掌握的词汇，不仅丰富且有固定的搭配，低龄幼儿常常用错或以“个”来替代所有的量词，如“一个鱼”或“一只鱼”，潮汕童谣涉及量词的作品非常丰富，主要有“数词 + 量词 + 名词”“数词 + 名词”两种表现形式，两种形式可分别对应学习积累、指导运用的量词游戏设计。如潮汕童谣《天顶一园草》（天顶一园草，地下人种茎；茎下二支灯，灯下一条龙；龙下一个窟，一尾红头鲤鱼跳唔出），涉及“园（片、茬），支（盏、座），条，个，尾（条）”等显性量词和“个，丛（株、棵），片，叶（片），哈（片）”等隐性量词。潮汕童谣《潮州八景好风流》（潮州八景好风流，十八梭船廿四洲；廿四楼台廿四样，二只鉎牛一只溜），省略了“处、只（艘）、座、个、种”等量词。开展此类童谣学习时，可将显性量词和隐性量词进行游戏设计，帮助幼儿学习童谣丰富的量词及正确的运用方法。

2. 以游戏识记潮汕童谣内容

潮汕童谣句式大多比较整齐，结构以独章或两章叠体为主，多以改变个别词汇、变换韵脚形成重叠章句。可利用潮汕童谣的叠章形式设计“找不同”“找相同”游戏，让幼儿在两段童谣中找出不同或相同的句子或词汇，达到快速辨别两段童谣的差异、记住童谣的目的。如两段式童谣《畲歌畲嘻嘻》中的变换词汇是“嘻嘻”与“嗨嗨”、“簸箕”与“米筛”，《潮州姑娘好针工》中的变换句子是“绣出梅花散香来”与“绣出大厦成群起”。

潮汕童谣存在不少内容丰富多样且相对复杂、童谣的情节性和趣味性稍欠缺的作品，针对这类童谣可挖掘童谣中的逻辑关系或相关资源设计游戏。如童谣《农事歌》的句式是“月份 + 农忙事件”，主要普及农民根据植物不同的生长周期而劳作的知识，塑造了农民伯伯辛勤劳作的形象，传达了农民伯伯坚持不懈、热爱劳动、吃苦耐劳的精神。根据童谣月份与农忙事件的对应关系设计多种游戏，帮助幼儿在轻松活泼的氛围中快乐辨别内容、识记童谣，不仅能够避免单调刻板的诵读，还能寓教育于游戏、化教育于无形。可参考：

（1）游戏：“看谁连得对”

玩法：将 12 个月份的卡片按顺序放置，将 12 张农事活动图片打乱，随机放置在月份的后面，邀请 12 名小朋友根据月份找到对应的图片进行连线，按正确排列顺序，集体诵读。

（2）游戏：“找朋友”

玩法：（按前后各 6 个月将幼儿分成 2 组）将月份卡片和对应的农事活动图片随机发给 12 名小朋友，在集体前放置 6 张椅子，让小朋友进行月份与农事活动图片的配对，拿到月份卡片的幼儿按顺序坐在椅子上，拿到对应农事活动图片的幼儿站立在其后面。每组小朋友诵读对应的童谣。

3. 以游戏理解潮汕童谣的逻辑关系

潮汕童谣多存在时间、空间、因果等逻辑关系的作品，幼儿往往难于理解童谣中的逻辑关系，幼儿园教师可从人物、情感、事物或时空等关系来挖掘童谣游戏元素、厘清童谣隐藏的逻辑关系，从逻辑关系视角进行游戏设计，令幼儿在游戏参与的过程中，更好、更快地理解、掌握潮汕童谣。如潮汕童谣《农事歌》存在时间顺序的关系，可以时间顺序的角度设计适宜的游戏。可参考：

（1）游戏：“我来贴一贴”

玩法：将 12 个月份的卡片按顺序放置，将 12 张农事活动图片随机发放给 12 名小朋友，根据月份顺序让拿到对应图片的小朋友逐一贴到对应的月份上，集体诵读。

（2）游戏：“排一排，读一读”

玩法：让小朋友自由抽取 12 个月份卡片 / 农事活动图片，抽到后完整诵读该句童谣。12 组幼儿抽取诵读后，按童谣顺序列队集体诵读。

童谣《打啊打铰刀》常用拍手游戏辅助诵读，如能挖掘童谣中的空间顺序设计路线图（棋类）游戏，让幼儿边诵读童谣边走过童谣中的不同场景，以达到理解童谣中的场景空间顺序的关系，更快速地掌握童谣内容。潮汕童谣《点啊点竹壳》（点啊点竹壳，点着底个漏屎汁；就是就是，只个老兄弟。点啊点竹共，点着底个做阿总；就是就是，只个老兄弟），看似无厘头，其实存在着空间顺序关系，可参考“点兵点将”的游戏方法，让幼儿边诵读童谣边用手指依次“点兵”，童谣最后一个字指向的幼儿就是下一轮“点兵”将领。当幼儿对童谣玩法足够熟练后，可将此童谣游戏作为其他活动选拔人员的手段，类似于“剪刀石头布”或“手心手背”的猜拳游戏。

4. 以游戏内化潮汕童谣的内涵

角色游戏或表演游戏都是幼儿扮演一定的角色，通过对话、动作、表情等角色行为表现其对角色行为规范和角色心理的理解，艾利康宁（苏联心理学家）认为角色扮演游戏“是一种发挥发展了的活动形式，儿童在这种活动中充当成年人的角色(智能)，并在专门设置的游戏条件下概括地再现成人的活动和他们的关系”①。刘焱教授认为角色扮演游戏“是通过使用‘假装的’物品或工具、模仿自己所想要的扮演的某种社会角色的动作、语言、态度等，来反映一定的社会生活内容”②。角色扮演游戏作为幼儿园常见的一种典型的象征性游戏，是幼儿通过扮演角色、运用已有的认知经验，借助模仿和想象、利用已有资源进行情境构建，创造性地反映其生活认识和生活体验的游戏活动。在角色扮演游戏中，幼儿既是自己又是他人，可加深对某个特定角色的理解，还能深刻体悟角色认知，进一步唤醒幼儿的天性。在潮汕童谣的教育活动中，幼儿园教师应将童谣角色行为规范、角色心理内化于游戏之中，引导幼儿通过角色行为、角色语言加深对童谣内涵的理解，去解释、去说教。如童谣《雨哩大大点》可设计“送米票”“小主人介绍今天的生活”等迁移环节，让幼儿在角色扮演中，自觉萌发对穷苦人民的同情心，进一步提升对当今美好生活的自豪体验，将珍惜美好生活的情感用动作和语言表达出来，避免枯燥生硬的说教方式，顺利达成活动目标。

习近平总书记指出：“我们要以更大的力度、更实的措施加快建设社会主义文化强国，培育和践行社会主义核心价值观，推动中华优秀传统文化创造性转化、创新性发展，让中华文明的影响力、凝聚力、感召力更加充分地展示出来。”潮汕童谣的幼儿园教程及其配套资源开发就是地方优秀传统文化创造性转化的需要，也是潮汕文化的学前教育传承的依托。通过以潮汕童谣教程开发为切入点，加快潮汕文化创造性转化，提升潮汕文化在学前教育领域的教育传承效果，让学前教育回归于本地生活世界，通过专业教师的引导与培养，让潮汕文化的凝聚力、感召力从小根植于孩童的心里，种下家乡文化的认同、热爱家乡的情感种子，并在心中生根、发芽，使孩童成为潮汕童谣、潮汕方言及其承载的潮汕文化自觉的传承者和坚定的拥护者。

① 索欣．学前教育学 [M]. 北京：人民教育出版社，1981：345.

② 刘焱．儿童游戏通论学 [M]. 北京：北京师范大学出版社，2008：479.

实践篇

团结互助　尊老爱幼

能用众力，则无敌于天下矣；能用众智，则无畏于圣人矣

“家是最小国，国是千万家。”家庭是社会最基本的组织，家庭成员之间、亲人之间、邻里之间的关系是构成社会秩序和社会风气的重要因素。潮汕人非常重视家庭的和谐稳定，非常强调邻里之间的互帮互助，本节选取的七篇童谣紧紧围绕“家庭”“亲人”“邻里”，突出团结友爱、互敬互助的精神内涵。通过童谣的学习，引导幼儿体会自己与亲人、邻里的关系，感受融洽相处的温暖与和谐，萌发爱家人、敬亲人、睦邻里的美好情感，进而升华为爱乡爱国的家国情怀。

《鸭团会撑船》小班课程设计

鸭团会撑船[①]

鸭团会撑船[②]，猫团会掌厝[③]，
狗团会把门[④]；公婆会惜孙[⑤]，
一家欢乐甜过糖。

【注释】①《精选潮汕方言童谣》第 85 页。②鸭团：鸭子。会撑船：指鸭子用掌拨水犹如撑船前行。③猫团：小猫儿。掌厝：看家。掌 [zion^2]，潮州口音 [zien^1]，看管。厝 [cu^3]：房屋。④狗团：小狗儿。⑤公婆：指丈夫的父母，即孩子的爷爷奶奶。惜：疼爱。孙：孙子。

【押韵】第 1、3、4 句押［ung］（温）韵。

设计意图

潮汕人特别重视家庭传承和维护家庭的和谐稳定，家庭里晚辈孝顺长辈、长辈慈爱晚辈，很多人将时间和精力留给家庭生活，使父母安享晚年、孩子得到更多的照顾和教养，合家其乐融融、甜蜜有加。

相亲相爱一家人

《鸭团会撑船》是一首富有童趣的潮汕童谣，内容形象、生动，语言简洁明了，贴近幼儿的生活，也承载着潮汕人的传统思想——与老人住在一起、尊老爱幼。通过童谣的学习，使幼儿感受潮汕人民其乐融融、甜蜜有加的家庭氛围。

活动目标

1. 学习“×× 会 ××”的句式，理解“一家欢乐甜过糖”的意思。
2. 能在图片的提示下流利地读出童谣。
3. 感受潮汕人民其乐融融、甜蜜有加的家庭氛围。

活动重难点

1. **重点：**学习“×× 会 ××”的句式，在图片的提示下流利地读出童谣。
2. **难点：**理解“一家欢乐甜过糖”的意思。

活动准备

1. 警犬抓坏人的视频，童谣 PPT。
2. 提前从家里带来“全家福”相片。

活动过程

一、出示小动物图片，引出童谣

小朋友们，你们知道我们有什么本领吗？

二、教师诵读，感知童谣

1. 完整、无伴奏诵读童谣，问：童谣里面讲了什么？小动物们有什么本领？（学习词汇撑船、掌厝、把门）

2. 结合图片，再次诵读童谣，问：你听到了什么？为什么说“一家欢乐甜过糖”？

三、结合图片、视频，理解童谣

1. 鸭团会撑船：鸭子的身体胖胖的、宽宽的，像船一样，鸭子会游泳。（学习“×× 会 ××”的句式，即“什么动物会干什么事”）

2. 猫团会掌厝：猫咪的脚掌有一层厚厚的肉垫，走起路来很安静，能够把家里的老鼠都抓掉，家里的东西就不会被老鼠吃掉了。（学习“×× 会 ××”的句式）

3. 狗团会把门：小狗的鼻子非常灵敏，有陌生人来的话，小狗就会“汪汪汪”地大叫，把坏人吓跑了。（学习“×× 会 ××”的句式）

4. 公婆会惜孙：爷爷奶奶很疼爱自己的孙子孙女。

5. 一家欢乐甜过糖：小朋友和爷爷奶奶、爸爸妈妈在一起的时候，很开心、很幸福，生活比糖还要甜蜜。（理解“一家欢乐甜过糖”的意思）

6. 集体有感情地诵读童谣。

四、结合“全家福”相片，自由表达，迁移童谣经验

1. 我家里有谁？我的家里人是怎样照顾我的？你是怎样对待家里人的？

2. 我跟家里人在一起的时候，是什么心情？

“我给爸爸捶背，爸爸给爷爷捶背”（《洛阳晚报》）

五、发布任务，结束活动

1. 我们要和小动物一样爱劳动，学本领，自己的事情自己做，能够帮忙的事情快快做，还要爱我们的爷爷奶奶、爸爸妈妈。

2. 你还见过哪些小动物，它们有什么本领？请小朋友用童谣里的“×× 会 ××”，把小动物的本领编成一首新的童谣，读给老师、其他小朋友和爷爷奶奶、爸爸妈妈听，看谁编得又多又好听。

活动延伸

一、集体活动

1. **语言活动：**

（1）仿编童谣“鸭团会撑船”。用“×× 会 ××”的句型仿编童谣，如“鸡母会生蛋，水牛会犁田，蜜蜂会采蜜；公婆会惜孙，一家欢乐甜过糖”。

（2）谈话活动：我爱我的家人。

2. **社会活动：**“甜蜜的一家人”。

3. **健康活动：**“我的本领大”。

二、区域活动

1. **美术区：**甜蜜一家人。

2. **角色区：**过家家。

3. **阅读区：**绘本《我爸爸》《我妈妈》《超级家庭大书》《快乐爸爸》《甜蜜的一家人》《爷爷，我爱你》等。

三、家园合作

1. 请爸爸妈妈跟孩子讲讲家族里的故事。

2. 让幼儿在家里参加力所能及的劳动，孝敬长辈，做个有礼貌的好宝宝。

活动亮点

1. 整个活动设计循序渐进，环节流畅紧凑，引导到位，能很好地激发幼儿的学习兴趣，也能关注幼儿的学习需要。

2. 结合生动形象的图片，把“×× 会 ××”的句型具体形象化，帮助幼儿快速掌握句型。

3. “全家福”相片的运用可帮助幼儿更直观地理解“一家欢乐甜过糖”的内涵，更好地感受家人和谐相处、其乐融融的甜蜜情感！

资源链接

1. 微课

2. 相关图片

讲文明树新风公益广告——孝老敬老系列

《有父有母有脚兜》小班课程设计

有父有母有脚兜①

有父有母有脚兜②，有兄有弟有路头③；

有姐有妹有来往，当如好花开一抛④。

【注释】①《精选潮汕方言童谣》第 87 页。②脚兜：靠山。③路头：来往的门径。④抛 [pao¹]：朵。

【押韵】1、2、4 句押 [ao]（欧）韵。

设计意图

潮汕人具有非常浓厚的家庭观念及家庭责任感，孝道为重、子女为贵，都将家族的荣耀放在至上的位置，“待人处事是否有辱祖宗、是否有辱门楣、是否伤风败俗”是潮汕人考量的标准。以血缘为基础的孝道和爱子爱女之心也会随着感情的加

尊老爱幼，幸福家人

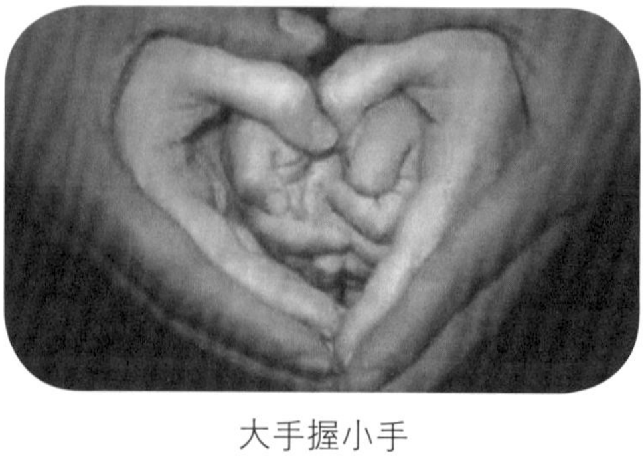

大手握小手

深而升华为爱乡爱国的情怀，如很多事业有成的潮汕人不仅回报家庭，更是心怀桑梓、心系国家安危。

童谣《有父有母有脚兜》以比喻的方式讲述了家人要相亲相爱的道理，通过童谣的学习，引导幼儿体会自己与家庭成员之间的关系，感受家庭生活的温暖，萌发爱父母、爱兄弟姐妹、亲近与信赖家人之心，进而升华为爱乡爱国的美好情感。

活动目标

1. 理解“脚兜”“路头”“好花开一抛”的意思。
2. 在图片的提示下，能独立读准童谣。
3. 懂得自己是家庭中的一员，感受和睦家庭的温暖。

活动重难点

1. **重点：**理解“脚兜”“路头”“好花开一抛”的意思。
2. **难点：**萌发爱父母、爱兄弟姐妹、亲近与信赖家人的美好情感。

活动准备

木偶“小花”、各种视频素材。

活动过程

一、创编情景导入，引出童谣

小朋友们，我们今天来认识一个新朋友，她叫小花，我们跟她打一下招呼吧。（你好！）现在，我们一起去小花家做客吧。这就是小花的家了。这是小花的爸爸、妈妈（爸爸妈妈各忙各的画面），这是小花的姐姐（小花和姐姐在吵架的画面），这是小花的奶奶（小花的奶奶很无奈地看着家里的情景）。突然，一个花瓶打碎了，全家人安静了下来。奶奶说："一家人应该要好好相处，家庭和睦才是最幸福的。就像我们潮汕地区有一首童谣说的：'有父有母有脚兜，有兄有弟有路头，有姐有妹有来往，当如好花开一抛'"。小花听后，很惭愧地说："奶奶，我们记住了，我们一定会好好相处的（全家人和睦相处的画面）。"

问：小朋友们，故事里面发生了什么事？这个故事里面藏着一首童谣呢，有谁知道？

二、完整展示童谣，帮助幼儿初步感知童谣

完整诵读童谣，问：你们听到了什么？

三、讲解童谣内容，帮助幼儿理解童谣

"有父有母有脚兜"（出示视频）：迎风一侧的山比较贫瘠，而另一侧的树木则长得很茂盛，说明风直接吹的一侧植物很难生长，而有山挡住风的一侧，植物长得很好，这就是"靠山"，爸爸妈妈就是我们的"靠山"，不管发生什么事，他们都会帮助和保护我们，我们也要好好爱他们哦。

"有兄有弟有路头，有姐有妹有来往"（出示兄弟姐妹一起快乐玩耍的图片）：

哥哥、姐姐或弟弟、妹妹是我们的好伙伴，可以跟我们一起玩玩具，我们心情不好的时候，他们会安慰我们，我们要好好相处哦。

“当如好花开一抛”（出示图片）：小朋友们看，图片里的一朵小花好孤独啊，还不容易被发现，但一束花就不一样了，好像有好多好朋友快快乐乐在一起，很容易被大家看到呢，那样才不会不小心被踩掉了。这句话就是告诉我们，我们和爷爷奶奶、爸爸妈妈、哥哥弟弟、姐姐妹妹在一起，就像很多小花在一起一样，不仅有伴，还不会被别人欺负。

四、结合图片，学习童谣

1. 小花觉得这首童谣很好听，她请奶奶教她读这首童谣，我们也一起来学吧。
2. 我们来跟小花比赛，看谁读得又准确又好听！

五、自由讲述，迁移童谣经验

1. 我在家里是怎么跟爷爷奶奶、爸爸妈妈、哥哥姐姐、弟弟妹妹一起玩的？
2. 我们应该怎样爱我们的家人呢？

六、归纳总结，结束活动

1. 今天，我们不仅认识了小花一家人，学会了一首好听的童谣，还懂得了一家人要相亲相爱的道理，收获真大啊。

2. 回家教爷爷奶奶、爸爸妈妈、哥哥姐姐、弟弟妹妹读这首童谣吧。

活动延伸

一、集体活动

1. **语言活动：**早期阅读活动“我妈妈”“我爸爸”。

2. **社会活动：**我爱我的一家人。

3. **艺术活动：**绘画“美丽的一束花”“我爱我家”。

二、区域活动

1. **阅读区：**投放绘本《猜猜我有多爱你》《我妈妈》《我爸爸》《亲密一家人》《在一起》《你们都是我的最爱》《跟屁虫》《超级家庭大书》等。

2. **角色区：**过家家。

三、家园合作

1. **亲子活动：**“亲子抱一抱”。

2. **亲子共读童谣：**《有父有母有脚兜》。

活动亮点

1. 故事情境的创设使幼儿身临其境，可以激发幼儿的学习兴趣，帮助幼儿快速进入活动主题中。与小花一起学习童谣、比赛的设计不仅可以活跃气氛，更是自然地激发幼儿的学习动机，真正将“要我学”转变为“我要学”。

2. 教育家夸美纽斯在《大教学论》中写道“一切知识都是从感官开始的”，反映了直观可以使抽象的知识具体化、形象化，有助于幼儿感性知识的形成。本次活动将童谣的主题以故事的方式呈现，有利于幼儿更好地理解童谣内涵，更快地掌握童谣。

2. 本次活动引导幼儿学会关心家人、体贴家人，激发爱家人的情感，积淀由关爱家人延伸到关爱身边的人、爱家乡、爱祖国等情感。

资源链接

1. 微课

2. 相关图片

兄弟姐妹

相亲相爱一家人

《潮汕工夫茶》小班课程设计

潮汕工夫茶

潮汕出名是工夫茶，好工夫来冲好茶。
叔叔阿姨来阮家①，我敬一杯工夫茶。

【注释】①阮家：我家。

设计意图

《幼儿园教育指导纲要（试行）》指出“充分利用社会资源，引导幼儿实际感受祖国文化的丰富与优秀，感受家乡的变化和发展，激发幼儿爱家乡的情感”。潮汕工夫茶艺是广东省潮汕地区特有的传统饮茶习俗，是中国茶艺中最具代表性的一种，融精神、礼仪、沏泡技艺、巡茶艺术、评品质量为一体的完整的茶道形式，既是一种茶艺，也是一种民俗。潮州工夫茶已被评定为国家级“非物质文化遗产”，是“潮人习尚风雅，举措高超”的象征。喝工夫茶是潮汕人作为招待客人的最佳礼仪，也

喝工夫茶是潮汕人日常生活中的一部分

是潮汕地区的百姓一日生活最为平常之事。

“工夫”一般有四解：工程和劳力、素养、造诣（成就的程度）、空闲时间。“工夫”二字在潮语中乃喻做事考究、细致而用心之意，潮汕人泡茶方式极为讲究，因此，将茶事活动冠以“工夫”二字，是潮州人对精制的茶叶、考究的茶具、优雅的冲沏过程、品评水平、礼仪习俗、闲情逸致等方面的整体总结。

童谣《潮汕工夫茶》通过敬茶、喝茶的形式把潮汕地区热情好客的待客传统淋漓尽致地表现出来，活动基于幼儿日常生活经验的开展，让幼儿了解工夫茶的冲泡技艺及工夫茶的待客之道，激发幼儿关注日常生活、热爱家乡的美好情感。

潮汕工夫茶：茶具与茶艺

活动目标

1. 学习喝工夫茶的礼仪：先老后少、先客后主，互相礼让、慢慢品味，理解“好工夫来冲好茶”的意思。

2. 能有节奏、准确、热情地诵读童谣。

3. 感受工夫茶礼仪中“和、敬、精、乐”的精神。

活动重难点

1. **重点：**学习喝工夫茶的礼仪，能有节奏、准确、热情地诵读童谣。

2. **难点：**感受工夫茶礼仪中“和、敬、精、乐”的精神。

活动准备

PPT 课件，视频《潮汕工夫茶的礼仪》，音乐《一壶好茶一壶月》，小朋友分六人为一组围桌而坐。

活动过程

一、出示潮汕老厝图片，引出童谣

1. 这是哪里呀？他们在干什么？

2. 你在什么时候会喝工夫茶？

二、教师诵读童谣，引导幼儿初步感知童谣

1. 教师用清晰响亮的声音诵读童谣，问：你听到童谣里讲了什么？

2. 结合图片，再次诵读童谣，问：有客人来了，我们怎样做才是个有礼貌的小主人？

三、结合视频、图片，理解童谣

1. 播放视频《潮汕工夫茶的礼仪》。

（1）潮汕工夫茶是广东省潮汕地区传统的饮茶习俗，喝工夫茶是潮汕人一日生活中最平常不过的事情，如果有客人来家里，一般都会请客人喝茶，这是对客人的礼貌。

（2）潮汕人冲工夫茶是很讲究的，要先烫杯再放茶叶，“危冲下酾、刮沫淋盖、

关公巡城、韩信点兵”，一杯茶就泡好了。

（3）我们泡茶一般只有三个杯子，意思是请大家慢慢品茶。第一泡的茶要先敬客人和长辈，冲茶的人可不能喝哦。

2. 结合图片，集体、分组诵读童谣。

3. 角色表演童谣，分组扮演主人、客人，邀请叔叔阿姨到家里来做客，泡上一杯工夫茶敬客人。

四、播放音乐，分组泡工夫茶，结束活动

小朋友们，我们今天学习了潮汕童谣“潮汕工夫茶”，现在让我们动手泡一泡，大家来喝茶，一起聊一聊“有客人来了，你是怎么做的”吧。

活动延伸

一、集体活动

1. **社会活动**：客人来了；采茶工人真辛苦。

2. **语言活动**：童谣《潮汕工夫茶》“山绞炭，薄锅囝，正苏罐，溪水簦；危冲下 ，刮沫淋盖；关公巡城，韩信点兵”。

3. **科学活动**：各种各样的茶叶。茶叶可根据“历史分类”“制作工艺分类”“季节分类”“再加工分类”等标准进行分类。重点学习：（1）中国六大茶系——绿茶、黄茶、乌龙茶、红茶、黑茶、白茶；（2）中国国家地理标志产品“凤凰单丛茶”。

二、区域活动

1. **角色区**：过家家。

2. **操作区**：我来泡茶，请你喝。

三、家园合作

1. 借助家长资源，引导幼儿进一步了解工夫茶的冲泡技艺及工夫茶的待客之道。

2. 请家长和小朋友一起搜集茶叶品种的资料。

活动亮点

1．本首童谣简短意赅、朗朗上口，且喝潮汕工夫茶是幼儿日常生活的常见活动，幼儿的生活经验能够帮助幼儿更快地掌握童谣。

2．把泡茶、喝茶、待客之道通过角色扮演、动手操作的方式自然渗透，幼儿在角色中、在操作中理解童谣、学习童谣，过程自然且活动有效。

资源链接

1．微课

2.《行走的味道》第 4 集潮汕工夫茶（上集）。

3.《行走的味道》第 5 集潮汕工夫茶（下集）。

《门脚一丛桃》小班课程设计

门脚一丛桃①

门脚一丛桃，斩头斩尾做猪槽②；
阿姆哙，阮有猪槽无猪囝③，恁个猪囝一只分阮饲踢跎④。
门脚一丛柑，斩头斩尾做扁担；
阿姆哙，阮有扁担无水桶，恁个水桶一担借阮担⑤。

【注释】①《精选潮汕方言童谣》第 109 页。②斩：砍。③哙 [oi^6]：表示感叹语气。阮 [$uang^2$]：我们。猪囝：猪崽。④个：的。分 [$bung^1$]：给。饲踢跎 [$tig^{4\ (8)}$ to^5]：饲养着玩儿。⑤一担：数量词，一对。借阮担：借给我们挑水。

【押韵】第一章 1、2、4 句押 [o]（窝）韵；第二章 1、2、4 句押 [an]（嗳）韵。

设计意图

潮汕人非常重视睦邻关系，非常强调邻里之间互帮互助，有“千金难买好厝边”“好亲戚不如金厝边”“行爱好伴，倚着好邻”“亲帮亲，邻帮邻，土地帮家神”等俗语。在潮汕地区的农村，除大喜事必互赠礼品外，凡养猪出宰，必留猪血、猪肠、猪肉分赠邻里；家中若有“番客”、亲戚远道而来或贵客来访所带来的食物，也会用盘子盛着分赠给左邻右舍；果树丰收或捕鱼盈网，也取些分赠邻居；家中有酒席，必宴请邻居中的长者；日常有做好吃的食物也会请邻居一起分享。

潮汕地区远亲不如近邻的睦邻关系

童谣《门脚一丛桃》从儿童的视角、以轻松诙谐的口吻呈现了潮人左邻右舍融洽相处的睦邻关系。通过童谣的学习，引导幼儿体会邻里关系和睦给人心里的温暖感觉，感受邻里之间互帮互敬的和谐温情，自觉萌发与邻居和睦相处的意识。

活动目标

1. 学习词汇："斩头斩尾""猪槽""扁担"。
2. 能用轻松、调皮的语气独立诵读童谣。
3. 感受邻里之间互帮互敬的和谐温情，体会邻里关系和睦给人心里的温暖感觉。

活动重难点

1. **重点：**用轻松、调皮的语气独立诵读童谣。
2. **难点：**感受邻里之间互帮互敬的和谐温情，体会邻里关系和睦给人心里的温暖感觉。

活动准备

1. 知识准备：请家长带孩子到邻居家做客，开展谈话活动"我的好邻居"。
2. 物质准备：童谣 PPT，扁担、水桶，自制教具桃树、柑树、勾具。

活动过程

一、经验导入，引出童谣

你经常到邻居家做客吗？请你来讲一讲你和邻居有趣的故事吧。

二、教师示范诵读童谣，初步感知童谣

1. 用轻松、调皮的语气诵读童谣，问：童谣的名称叫什么？童谣里有谁？讲了一件什么事？

2. 演示 PPT，再次诵读童谣，问：这首童谣有趣吗，为什么？这首童谣讲了一件什么事？

三、结合 PPT、实物，学习童谣

1. 演示 PPT、出示实物，理解童谣。

（1）“斩头斩尾”：把桃树的根、叶子砍掉。

（2）“猪槽”：装食物给猪吃的盆。

（3）“扁担”：用竹子、木头做成的、长长的工具，可以用来挑或抬东西，童谣里的扁担就是用门前的柑树做成的。

2. 结合桃树、柑树教具，学习童谣。

（1）这首童谣讲了一件什么事？童谣里的小姑娘是如何向阿姆借东西的？她可以做什么动作？（提示要用轻松、调皮的语气来读借东西的句子）

（2）隔壁阿姆在小姑娘借东西的时候可以做什么动作？她会怎样回答小姑娘？

（3）分角色，表演诵读童谣。将全班幼儿分成两组，分别扮演借物小姑娘、阿姆，诵读童谣。（提示要用轻松、调皮的语气来读借东西的句子）

四、自由表达，迁移童谣经验

1. 你跟其他人借过东西吗，借什么东西，你是怎样借的？

2. 你向别人借东西的时候，别人为什么愿意将东西借给你？

3. 别人跟你借过东西吗，他是怎样借的，你愿意借给他吗，为什么？

五、童谣游戏“勾水桶”，自由结束活动

教师当阿姆，幼儿边朗诵童谣边用动作姿态模拟童谣情景，诵读结束时，幼儿需两两一组变成一担“水桶”站立在“石头”上，“阿姆”把落单的“水桶”勾走。

活动延伸

一、集体活动

1. **艺术活动：**儿童舞蹈《金厝边银亲戚》。
2. **语言活动：**童谣创编故事《门脚一丛桃》；早期阅读《水獭先生的新邻居》。
3. **社会活动：**我和邻居亲密相处。
4. **健康活动：**体育“送礼物”。

二、区域活动

1. **阅读区：**绘本《邻居》《我和邻居亲密相处》《公鸡的新邻居》《水獭先生的新邻居》等。
2. **角色区：**好邻居。
3. **美工区：**我送邻居小礼物。

三、家园合作

1. 请家长带领孩子到邻居家做客，将幼儿在美工区完成的小礼物送给邻居。
2. 请家长搜集睦邻关系的故事讲给孩子听。
3. 亲子诵读童谣。

活动亮点

1. 童谣韵律感强且趣味性十足，教师可用诙谐、调皮的语气诵读童谣，以生动有趣的语气营造借物姑娘与邻居阿姆亲如一家人的甜蜜氛围，吸引幼儿注意力之余，

更是帮助幼儿感受邻里之间互帮互敬的和谐温情，体会邻里关系和睦给人心里温暖的感觉，突破难点，实现活动目标三。

2．活动各环节循序渐进、流畅紧凑，形式丰富多样，注重幼儿的表达和展现，让幼儿在愉悦、富有感染力的氛围中，以对话的方式自然学会童谣。

资源链接

1．微课

2．相关图片

石猪槽

正在吃食的小猪

竹扁担和水桶

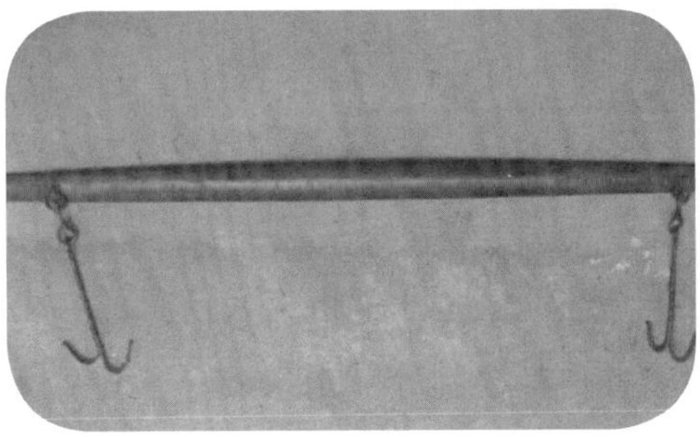

木扁担

《客鸟客客声》中班课程设计

客鸟客客声

客鸟客客声，人客来到厅[①]。
担椅分恁坐[②]，呾话科恁听[③]。
鳗鱼阮来买[④]，猪肉阮来赊。
炣炣炒炒请恁食[⑤]，食了恁正返县城[⑥]。

【注释】①人客：客人。厅：旧式潮汕民居的主建筑上的大厅，可用于祭拜祖宗、会客等。②担：搬。分：给。恁：你或你们。③呾话：说话，聊天。科：给。④阮：我或我们。⑤炣炣炒炒：做饭、炒菜的意思。⑥正：才。

设计意图

潮汕地区是非常讲究人情味的一个地方，亲戚朋友之间关系非常好，逢年过节各家各户都会到处“走亲戚”，家家户户都会准备好许多美食款待客人，特别是在“闹热日”（相当于北方的庙会游行盛典）。潮汕农村地区在每年的固定一天举办大型祭祀活动，祈求国泰民安、风调雨顺，这一天也是亲戚、朋友聚会的日子，主人准备最好的果品、上等的肉菜招待客人，隆重至极。潮汕人崇尚“过门是客”，只要来了就是客人，就会受到主人热情的接待。以前生活条件差，一日三餐只能喝稀粥、配咸茶，很少吃肉，只有等客人来的时候，主人才会到集市上买来鸡鸭鱼肉招待客人，就算身无分文也会以赊账的方式购买食材招待来客。

汕头自由插画师跳叫板的作品

本首童谣充分体现了潮汕人民热情好客的传统，通过童谣的学习，感受潮汕人民的热情好客，萌发热爱家乡人民的积极情感。

活动目标

1. 学习词汇："赊"，理解"食了恁正返县城"的意思。
2. 能用简单的动作表演并诵读对应的童谣。
3. 感受潮汕人民的热情好客，萌发爱家乡的情感。

活动重难点

1. **重点：**能用简单的动作表演并诵读出对应的童谣。
2. **难点：**理解"为什么没钱还要买猪肉"。

活动准备

课件《客鸟客客声》，鱼、肉、水果、餐具等道具。

活动过程

一、喜鹊的叫声引出童谣，吸引兴趣

我们来学习一首《客鸟客客声》的童谣，小朋友，你知道“客鸟”是什么？“客客声”又是什么样的？请你来听听这是谁的声音？

（播放喜鹊的叫声）这是喜鹊的叫声，“客鸟”是喜鹊，“客客声”是喜鹊的叫声，看来是有客人要来啦！客人来了，作为主人，我们要怎样迎接客人呢？

二、欣赏童谣，理解童谣的内容

1. 教师有感情、有节奏地诵读童谣，问：客人来了，小主人们是怎样迎接客人的呀？请小朋友做一做。

2. 结合课件，帮助幼儿理解童谣。

（1）逐一出示课件并诵读童谣。

（2）学习词汇：“赊”。

师：以前生活条件差，一日三餐只能喝稀粥、配咸茶，很少吃肉，有客人来的时候，主人才会到市场上买鸡鸭鱼肉招待客人。但是主人买鱼买肉没钱给，所以就先欠着，等以后有钱再还。

（3）理解“为什么没钱还要买猪肉”“食了恁正返县城”的意思。

请小朋友想一想：为什么没钱还要买猪肉？为什么要请客人食了恁正返县城？

师：潮汕人民非常热情好客，有客人来了，让他们饿着肚子回去是很不礼貌的事情，所以都会热情地邀请客人吃完饭再回家，就算没钱也要做好吃的饭菜招待客人。

3. 结合课件，完整诵读童谣。

三、情境表演，学习童谣

1. 引导幼儿逐句设计动作，问：“客鸟客客声”可以做什么动作？（依次类推）

2. 边诵读童谣边做自己设计的动作。

3. 表演童谣，分角色扮演主人、客人，并请表演者谈谈招待客人、被主人招待的感觉。

小结：客人来了，搬椅子给客人坐、陪客人聊天。买好鱼好肉，做好菜好饭，用最好的礼数来接待客人，客人很高兴，主人也非常开心，这就是我们潮汕人民礼貌招待客人的做法。

四、迁移童谣经验，结束活动

1. 在这首童谣里，你最喜欢哪一句，为什么？
2. 家里来客人了，你是怎样做的？

总结：潮汕人民热情好客，大家的关系都非常亲密，我们也要做一个热情好客、有礼貌的好孩子。

活动延伸

一、集体活动

1. **语言活动**：看图讲述《客人来我家》。学习做客与待客之道，引导幼儿做个有礼貌的小主人。
2. **艺术活动**：歌唱活动《客人来了》。
3. **语言活动**：谈话“我是个小小主人”。

二、区域活动

1. **角色区**：投放“过家家”材料，玩“客人来了”的角色游戏。
2. **语言区**：投放图谱和响板，供幼儿练习朗诵童谣。
3. **美工区**：“我做的菜儿真好吃”。

三、家园合作

1. 请爸爸妈妈讲一讲他们是如何接待客人、如何去别人家做客。
2. 请家长搜集流传在潮汕地区其他版本的《客鸟客客声》的童谣。

活动亮点

1．本首童谣描述的是幼儿日常所见的待人接客的场景，分角色表演是为幼儿创造充分的条件和机会让幼儿回到真实的生活场景中，来自生活、回到生活的学习不仅令幼儿更快速地掌握童谣，而且也更容易激发幼儿的学习兴趣，更容易获得幼儿的认同。

2．幼儿在设计动作的基础上分角色表演童谣。皮亚杰认为“儿童语言发展是他们自己与外界环境相互作用而建构起来的”，在分角色表演童谣的过程中，幼儿可以看到具体的童谣场景，听到其他角色的话语，表达人物语言，体会人物的情感心理。在角色表演中与外界环境交互作用下，幼儿就是快乐的童谣学习者和快乐的语言学习者。

资源链接

1．微课

2．相关图片

潮汕风情图

揭阳霖磐镇乔林村烧火龙

《擎支雨遮等阿姑》中班课程设计

擎支雨遮等阿姑①

天乌乌②，擎支雨遮等阿姑③；
阿姑一下来，花篮掼红柿④；
一个乞阿李⑤，一个乞阿柰；
阿桃看着就拼爱⑥，阿姑去了下次唔敢来⑦。

【注释】①《精选潮汕方言童谣》第 79 页。②天乌乌：天乌黑。③擎 [kia5]：撑、拿。雨遮：雨伞。④花篮：一种竹编有盖儿还绘有花卉图案的篮子。掼 [guan6]：提，携。⑤乞 [keh4]：给。阿李、阿柰、阿桃都是孩子们的名字。⑥看着：看见了。着：了。拼爱：抢着要。⑦唔：不。

设计意图

在潮汕地区，大年初二是“走仔（女儿）日”，即出嫁的女儿会带着丈夫及儿女回娘家拜年，也称“仔婿（女婿）日”。这一天，回娘家的女儿必须携带一些礼品和红包，分给娘家的小孩及左邻右舍，寓有报答父母养育之恩之意，礼物寓意吉祥者最佳，如鸡蛋象征团圆、粉丝象征长寿等，以示孝敬父母、不忘乡亲之情。娘家人也要回赠一些礼物给女儿带回分送给邻里，以示出嫁女与邻里和睦相处、注重情谊。在传统节日以外的其他时间，“走仔”们回娘家也会带上礼物。娘家人对女儿、女婿及外孙（女）们的到来都非常高兴，特别是小孩，因为姑姑的到来意味着有零食或礼物，对于小孩子来说是个开心的日子。

回呀嘛　回娘家（杨再琪）

童谣《擎支雨遮等阿姑》就是从孩童的视角描述姑姑回娘家的情境，通过学习，可让小朋友感受亲人之间的亲近之情和眷恋之情，体会童谣温馨亲切的氛围。

活动目标

1. 学习词汇“掼”，理解“拼爱”与“唔敢来”的关系。
2. 能按童谣中事件发生的顺序完整地诵读童谣。
3. 感受小侄子（女）对姑姑的亲近之情及姑姑对娘家人的眷恋之情，体会童谣温馨亲切的氛围。

活动重难点

1. **重点：** 按童谣中事件发生的顺序完整地诵读童谣。
2. **难点：** 理解“姑姑去了下次唔敢来”的真实内涵。

活动准备

童谣 PPT、童谣图片、雨伞、花篮、红柿或其他水果、童谣视频。

活动过程

一、出示图片，引出童谣

1. 图片里面的天气是怎么样的？
2. 图片里面的小朋友在干什么？手上有什么东西？

二、教师有感情地朗诵，帮助幼儿初步感知童谣

老师这里有一首童谣就是在讲图片里的故事，请小朋友们仔细听。

1. 教师有感情地朗诵童谣，幼儿欣赏。问：童谣的名称是什么？童谣说了一件什么事？

2. 出示童谣图片，再次有感情地诵读童谣，问：童谣讲了一个故事，请你讲一讲。

三、结合 PPT，理解、学习童谣

1.（幼儿）操作童谣图片，按童谣故事的顺序进行讲述、排序，诵读童谣。

2. 出示 PPT，提启发式问题，引发幼儿理解童谣。

（1）“掼”：提。“乞”：给。

（2）“阿桃看着就拚爱”：“拚爱”是什么意思？请你做一做阿桃“拚爱”的动作吧。

（3）“阿姑去了下次唔敢来”这句话是谁说的？为什么阿李会说这句话？

（4）我们得怎样做，阿姑下次才敢来？

（5）阿姑下次真的不敢来吗？姑姑听阿李对阿桃说：“阿姑去了下次唔敢来”的时候，姑姑会说什么？

3. 结合 PPT，师幼诵读童谣。

四、角色表演童谣：擎支雨遮等阿姑

1. 播放童谣视频。

2. 请 4 名幼儿分别扮演姑姑、阿李、阿奈、阿桃表演童谣，其他幼儿诵读童谣。

3. 请幼儿分享表演心得。

五、归纳总结，结束活动

1. 集体梳理童谣故事的顺序，诵读童谣。
2. 让幼儿说说，客人来了，该如何招呼客人。

活动延伸

一、集体活动

1. **社会活动**：潮汕地区“走仔日”。
2. **健康活动**：体育“我到村口等阿姑”。
3. **艺术活动**：歌曲欣赏《回娘家》。
4. **语言活动**：仿编潮汕童谣《擎支雨遮等 ××》。如“天乌乌，擎支雨遮等阿舅；阿舅一下来，花篮掼苹果；一个乞阿李，一个乞阿柰；阿桃看着就拼爱，阿舅去了下次唔敢来”。

二、区域活动

1. **角色区**：童谣情景表演。
2. **美工区**：红柿子，真好吃。
3. **阅读区**：绘本《哟，我们家来客人啦！》《特别的客人》等。

三、家园合作

1. 请家长带领孩子串门走亲戚。
2. 亲子诵读童谣《擎支雨遮等阿姑》。

活动亮点

1. 图片导入，让幼儿更直观地感受阿李、阿柰、阿桃在快下雨的情境下，“擎支雨遮等阿姑”的心情，快速代入童谣情境中，萌发学习兴趣。

2. 通过操作图片引导幼儿理解童谣中事件发生的顺序，视听操作结合，帮助幼儿快速把握童谣中事件发生的顺序，更快速地掌握童谣。

3. 通过启发式问题引发幼儿主动思考“姑姑去了下次唔敢来”的真实内涵，在积极思维中理解童谣的主旨，突破活动难点。

资源链接

1. 微课

2. 相关图片

装红柿子的花篮

《四角天井好铺枋》中班课程设计

四角天井好铺枋①

四角天井好铺枋②，门内染绿又染红；
阿妈喜欢孥新妇③，的禾鼓手送入房④。

【注释】①《精选潮汕方言童谣》第 83 页。②枋 [bang^{1}]：木板。③阿妈 [ma^{2}]：指婆婆。孥 [cua^{7}]：娶。新妇 [bu^{6}]：儿媳妇。④的禾鼓手 [siu^{2}]：泛指乐队。的禾：唢呐。

【押韵】1、2、4 句押 [ang]（按）韵。

设计意图

潮汕民居作为潮汕文化的物质载体，见证着潮汕人对故土的依恋，对建造工艺的执着追求，更传承着潮汕地区的文化基因。潮汕地区传统民居建筑，特点鲜明、布局严谨、工艺精湛，具有很高的美学价值，常见样式主要有“四马拖车”“四点金”“下山虎”等。潮汕人认为“天井”是家里聚财的地方，“财气”从大门或从上天降临积聚在天井后，再通过各房门窗“吸”进屋里，因此，“天井”是传统民居必有的空间，是指房与房之间、厅与厅之间的露天空地，露天的“天井”具有集水、纳阳、通风、采光、消防等多种建筑功能，所以，“天井”的地面比过道、厅房要低。逢年过节、祖宗祭祀、家人要出国等办理隆重的事务时，用木板把天井的地面铺得跟厅房、过道一样高，令厅房、过道、天井合为一体、形成了一个宽敞的大空间，便于进行各种活动。

潮汕民居

天井

童谣《四角天井好铺枋》就是潮汕人民布置房子，将天井用木板铺设得与地面一样高以迎娶媳妇的热闹场面。通过学习童谣，引导幼儿认识有天井的潮汕建筑特色、潮汕地区传统的婚嫁文化，感受迎娶新人喜气洋洋的热闹氛围，从而萌发热爱家乡的美好情感。

活动目标

1. 知道“天井”“铺枋”“染绿又染红”“的禾”的意思，知道潮汕传统婚嫁文化的迎娶习俗：洗花水、分钱米、吃半碗饭、安床、接新娘、五碗头合房圆、敬甜茶、返厝。

2. 能向他人介绍潮汕地区的迎娶习俗，独立诵读童谣。

3. 感受童谣洋溢着的迎娶新人喜气洋洋的热闹氛围。

活动重难点

1. **重点：**知道“天井”“铺枋”“染绿又染红”“的禾”的意思，独立诵读童谣。

2. **难点：**向他人介绍潮汕地区的迎娶习俗。

活动准备

1. 经验准备：在生活中见过迎娶的场面或参与过迎娶的活动。

2. 物质准备：课件 PPT，介绍潮汕迎娶、潮汕民居建筑的视频。

活动过程

一、视频导入，引出童谣

1. 视频里面的人在做什么事？他们跟现在的我们有什么不一样？

他们在贴大红喜字、插花、摆桌椅，把家里打扮得很漂亮，原来他们是要娶媳妇了。看，吹喇叭、打起鼓、抬起大红花轿，把新娘子送到家里面啦。

2. 老师带来了一首潮汕童谣，叫《四角天井好铺枋》，请你仔细听一听：童谣讲了什么事情。

二、完整朗诵，引导幼儿初步感知童谣

1. 教师用清晰的声音有感情地诵读童谣，问：童谣讲了什么事情？

2. 再次有感情地诵读童谣。问：你听到了什么内容？

三、结合视频、PPT，理解、学习童谣

1. 播放视频，出示图片，逐句理解童谣。

（1）“四角天井好铺枋”：潮汕地区的老房子一般都有天井，这跟别的地方的房子可不一样呢！天井是家里面聚集“财气”的地方，上面没有瓦片挡着，下雨的时候，雨水就会跑进天井里，所以天井要建得比过道、厅房低。家里要办喜事、请好多客人的时候，就用木板把天井的地面铺得跟厅房、过道一样高，大家就可以在上面自由庆祝了。

（2）“门内染绿又染红”：要娶媳妇了，家里要贴大红喜字、插上漂亮的花、摆好桌椅、放上好吃的东西……

（3）“阿妈喜欢孥新妇”：要娶媳妇了，家里人都好开心啊。

（4）“的禾鼓手送门房”：吹喇叭、打鼓的人们吹奏喜庆的音乐，把新娘子送到家里面来。

2. 结合 PPT，诵读童谣。

3. 结合视频，向幼儿介绍潮汕传统婚嫁文化的迎娶习俗：洗花水、分钱米、吃半碗饭、安床、接新娘、五碗头合房圆、敬甜茶、返厝。

四、角色扮演游戏：娶新妇

请 4 名幼儿分别扮演新郎、新娘、公公、婆婆，8 名幼儿扮演的禾手、鼓手、轿夫等，其他小朋友扮演帮忙的人。老师扮演“青娘”，引领幼儿表演潮汕传统婚嫁文化的迎娶习俗。

五、分享交流，结束活动

1. 请小朋友介绍潮汕传统婚嫁文化的迎娶习俗。

2. 分享表演潮汕传统婚嫁文化的迎娶习俗的心情。

3. 集体诵读童谣。

活动延伸

一、集体活动

1. **社会活动：**甜蜜一家人；与众不同的潮汕房子。

2. **艺术活动：**绘画“娶新娘”。

3. **健康活动：**体育“我是小小建筑师”。

二、区域活动

1. **角色区：**过家家、娶新妇。

2. **建构区：**潮汕房子。

3. **阅读区：**绘本《建筑工地》《小小建筑师》《我和爷爷的建筑之旅》《乔伊想当建筑师》等。

4. **美工区：**潮汕房子。

三、家园合作

1. 请家长带领孩子搜集潮汕民居建筑、潮汕婚嫁习俗的资料，或请家长到幼儿园介绍。

2. 亲子诵读童谣《四角天井好铺枋》。

活动亮点

1. 潮汕民居建筑、潮汕婚嫁习俗的视频可形象地激发幼儿的经验与兴趣，且直观形象地呈现相关知识，学习效果更佳。

2. 赋予幼儿一定的角色进行表演，是将相关知识、相关角色规范在表演中得到强化，让幼儿更好地掌握相关知识、理解童谣，可进一步促进幼儿自我意识及社会积极性、独立性和主动性的发展，促进幼儿社会化的实现。

资源链接

1. 微课

2.《潮汕民居探秘》(哔哩哔哩)。

3.《潮州婚俗之旅》潮汕传统婚礼习俗（好看视频）。

4. 相关图片

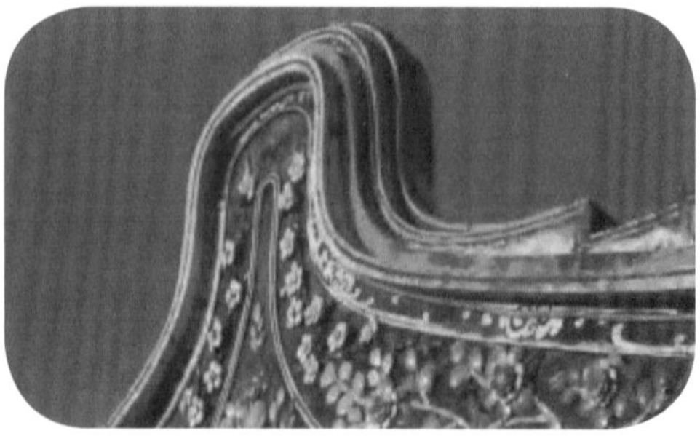

潮汕厝角头：金土

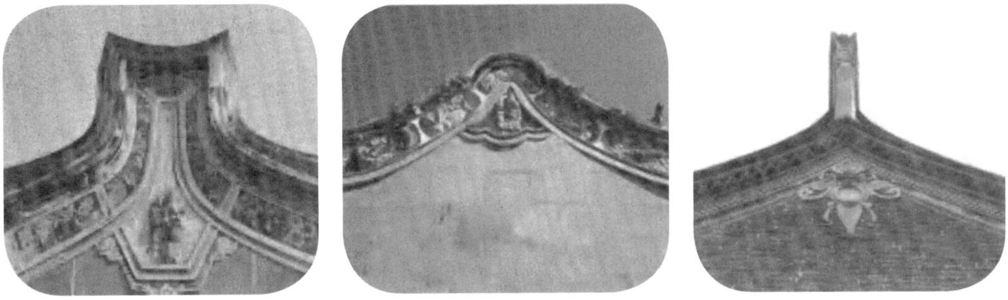

潮汕厝角头：木水火

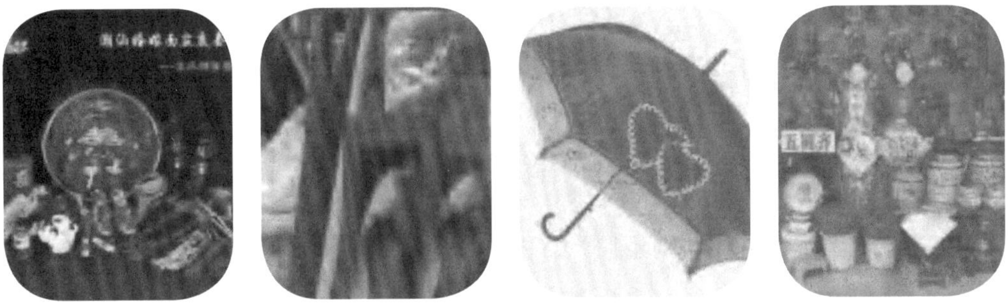

潮汕传统嫁娶用品

刻苦耐劳　自强不息

君子敬其在己者，而不慕其在天者，是以日进也

“民生在勤，勤则不匮”，中华民族是勤于劳动、善于创造的民族。劳动是财富的源泉，也是幸福的源泉。人世间的美好梦想，只有通过诚实劳动才能实现；发展中的各种难题，只有通过诚实劳动才能破解；生命里的一切辉煌，只有通过诚实劳动才能铸就。潮汕地区地狭人稠，且常受台风与地震威胁，锻造了生活于此的潮汕人民刻苦耐劳、勤奋拼搏、自强不息、百折不挠等优秀的精神品质，通过引导幼儿揣摩童谣中主人公的形象特点，体会劳动的艰辛、生存的不易，萌发尊重劳动者、乐观生活的积极情感，进而培养热爱劳动、自强不息的美好品质。

《须赤赤》小班课程设计

须赤赤[①]

老伯须赤赤[②]，支槌插尻脊[③]；
有事冲冲斐[④]，无事门后歇。

【注释】①《精选潮汕方言童谣》第 65 页。②须 [ciu¹]：胡须。赤赤：赤色。③尻脊 [ga¹ziah⁴]：脊背。④冲冲斐：急忙忙地兜圈。斐 [hui¹]：往来兜圈。

【押韵】1、2、4 句押 [iah]（益）韵。

设计意图

扫把又称扫帚，是家庭、工作场所最为常见的清洁工具，对人类的健康生活和家庭保洁起到了举足轻重的作用。扫把虽然是个小物件，平时多放置在门后等被人遗忘的角落，但家家户户都离不开它。

商家垂吊售卖的芒草扫帚

童谣《须赤赤》是一首谜语童谣，语言简练、生动有趣、朗朗上口，把扫把描述成为有着胡须、背上有根小木棍的“阿伯”形象，是个脾气有点急躁又甘于默默奉献的勤快阿伯。通过生动形象的拟人化童谣的学习，引导幼儿结合生活经验和实物学习猜谜，懂得谜语是由谜面、谜底组成的知识，感受谜语的趣味性和猜谜的乐趣。

活动目标

1. 学习词汇："冲冲斐"，知道谜语是由谜面、谜底组成的。

2. 能根据生活经验猜出谜底，流利地诵读谜语童谣。

3. 感受谜语的趣味性和猜谜的乐趣。

活动重难点

1. **重点：**知道谜语是由谜面、谜底组成的。

2. **难点：**理解童谣谜底扫帚与阿伯形象的对应关系。

活动准备

1. 经验准备：认识日常清洁卫生用具，担任班级值日生。

2. 物质准备：干净的扫把（放置在门后）、《小小智慧树》"小扫把"视频、童谣 PPT。

活动过程

一、谈话导入，引出童谣

1. 小值日生们，你们是用什么工具来打扫卫生的？

2. 我们来学习一首童谣，也是一首谜语，请仔细听一听、猜一猜：这首童谣讲的是哪一种打扫卫生的工具。

二、朗读童谣，引导幼儿猜出谜底

1. 教师朗读童谣，问：这首童谣讲的是哪一种打扫卫生的工具？（请幼儿将答案悄悄地告诉老师）

2. 结合动作朗读童谣，问：有哪种打扫卫生工具长着长长的胡须，脊背插了一根小木棍，需要用到它的时候，它就来帮忙，不需要用到它的时候，它就躲在门后面？（请幼儿将谜底悄悄地告诉老师）

3. 公布谜底：请小朋友到门后面找找谜底是什么。

4. 问：为什么是扫把？请小朋友结合童谣分析：哪里是胡须？脊背在哪里？脊背上有什么？有事的时候，扫把会做什么动作？没有事的时候，扫把放在哪里？

小结：虽然童谣中并没有“扫把”两个字，但童谣的四句话都和扫把有关系，我们动动小脑袋就能猜出来答案，这样的童谣就叫谜语童谣。

三、结合实物、PPT 分析童谣内容，学习谜语童谣

1. 理解谜语童谣。

（出示扫把、图片）“老伯须赤赤，支槌插尻脊”是讲扫把长什么样：长着很多胡须，就像阿伯一样，脊背插着一根小木棍。

（播放视频）“有事冲冲婓”讲的是地板脏的时候，扫把就来帮忙，一会扫这里，一会扫那里，扫来扫去，忙得团团转。（理解“冲冲婓”的意思）

（出示图片）“无事门后歇”是讲地板打扫干净了，扫把要回它的家休息了，它的家在哪里呢？我们一般会把它放在门后面、厕所或阳台的角落里。

2. 学习谜语童谣，分组竞猜。

（出示 PPT）集体诵读谜语童谣，分组竞猜。

小结：这首童谣把扫把编成了一个能干的老伯让小朋友猜，小朋友们可以根据它长什么样和会干什么事来猜出答案。童谣就是谜语的谜面，答案就是谜语的谜底。

四、游戏：我出谜语，你来猜

由教师朗读谜面，幼儿猜谜底。要求猜出谜底的小朋友小声告诉老师；公布谜底后，由幼儿在集体面前分析谜面。

1. 脚多站不住，要靠人来扶，扶着满地跑，垃圾被除掉。
2. 一个头，千只脚，要用它窸窸窣窣，不用时放到墙角。
3. 头像棍子，脚像胡子，让人抓住，爬一阵子。
4. 不怕身上脏，墙角把身藏，出来走一走，地面光又光。

有很多的谜语都像今天学习的童谣一样，把长什么样、有什么本领编成谜面让小朋友猜谜底，而且一个谜底可以编成好多个谜面，就像今天的扫把一样。谜底是扫把的谜语还有好多呢，请爸爸妈妈帮忙找一找，明天带来幼儿园分享吧。

五、结束活动

1．小朋友们，今天我们学习了一首谜语童谣，请小朋友去考考爸爸妈妈、爷爷奶奶，看看他们能不能猜出答案吧。

2．潮汕地区还有很多谜语童谣，请爸爸妈妈找一找，我们继续玩“我出谜语，你来猜”的游戏吧，看看谁猜得又对又快。

活动延伸

一、集体活动

1．**艺术活动：**手工“小扫把”；音乐《小扫把》。

2．**科学活动：**“扫把从哪里来”“多种多样的扫把”。

3. **语言活动**：谈话“我帮妈妈扫地”。

二、区域活动

1. **美工区**：折纸扫把、制作橡皮泥扫把。

2. **表演区**：表演童谣。

3. **阅读区**：《豆豆讲卫生》《根本就不脏嘛》《讲卫生的小兔子》《讲卫生，洗刷刷》《鳄鱼怕怕，牙医怕怕》等。

三、户外活动

操场，我能扫。

四、家园合作

1. 协助爸爸妈妈清扫家里地板，请家长录制视频发到班群。

2. 请家长搜集关于扫把的谜语或其他潮汕谜语童谣。

活动亮点

1. 猜谜对小班幼儿来说是比较难以实现的活动，但本首童谣以拟人手法简短精练地描述扫把的外形特征、用途，将生活常见的工具以形象生动的拟人化方式呈现，幼儿可结合生活经验快速猜出谜底，并结合实物、图片理解谜面，更有利于幼儿体验到猜谜的乐趣和成就感。

2. 活动中呈现多首谜底都是扫把的谜语，不仅可帮助幼儿构建更为多样化的扫把形象，还可激发幼儿产生好奇与探究心理，更可让幼儿体会到同一事物可以用不同的角度去观察和表述，多角度建立扫把形象与语言之间的联系，打开幼儿的思维空间，发展幼儿的想象、分析、判断能力。

资源链接

扫把的谜语

- 脚多站不住，要靠人来扶，扶着满地跑，垃圾被除掉。
- 一个头，千只脚，要用它窸窸窣窣，不用时放到墙角。
- 头像棍子，脚像胡子，让人抓住，爬一阵子。
- 不怕身上脏，墙角把身藏，出来走一走，地面光又光。
- 下穿草裙无上衣，没事站在门角里，每天出来走几次，灰尘垃圾都躲起。
- 小小身材三尺长，人家买来做梅香，身上束起丝条来，一步行来一步光。
- 从小青，到大黄，束着腰，靠着墙。

《放鹅谣》中班课程设计

放鹅谣[①]

一群白鹅一枝篙[②]，阿伯趟鹅好唱歌[③]；
篙儿一扬歌声起，鹅儿随声高唱和。
一枝竹篙头尾青，阿伯趟鹅日继夜；
篙儿提起日头出，篙儿放落夗三更[④]。
手掌磨篙竹篙光[⑤]，阿伯趟鹅障辛勤[⑥]；
出壳鹅囝趟到大[⑦]，趟过鹅公趟鹅孙。
竹篙擎久滑溜溜[⑧]，阿伯趟鹅手攋须[⑨]；
须长半寸鹅长翼[⑩]，一片白云遮山头[⑪]。

【注释】①《全本潮汕方言歌谣评注》第 194 页。②篙 [go^{1}]：指撑船用的竹竿，也叫“船篙”。③趟 [riao^{7}]：赶，追赶。④夗 [enh^{8}]：睡觉。⑤光：白读为 [geng^{1}]，光滑。⑥障 [zio^{3}]，潮州口音 [zie^{3}]，这样、这么。⑦鹅囝：小鹅。⑧擎：白读为 [kia^{5}]，拿。⑨攋 [luah^{8}]：梳理须发。⑩翼 [sig^{8}]：翅膀。⑪ 一片白云：比喻白鹅成群。头 [tiu^{5}]，文读押韵。

【押韵】1、2、4 句押 [o]（窝）韵；5、6、8 句押 [ên]（楹）韵；9、10、12 句押 [eng]（恩）韵；13、14、16 句押 [iu]（忧）韵。

设计意图

在广东省东南沿海地带生活着一群勤劳的人民，叫潮汕人民，他们吃苦耐劳、乐观积极，从不被生活的重压打趴，而且还能在忙碌的生活里苦中作乐。

牛拉犁头耕田是潮汕地区农耕时节常见的画面

撒网捕鱼是潮汕渔民“讨海”捕鱼的日常画面

童谣《放鹅谣》一共四段，每一段各四句，内容简单易懂，通过描写牧鹅老伯的日常生活，传达了一种不辞辛勤、早出晚归、热爱劳动、热爱生活、积极向上的情感态度。通过童谣的学习，让幼儿感受到一个乐于劳动、积极乐观的牧鹅老伯形象，同时萌发尊敬劳动者、主动帮忙的情感。

活动目标

1. 学习词句：“趱鹅”“篙儿一扬歌声起”“鹅儿随声高唱和”，学习押［o］韵。
2. 能读准［o］韵，能使用创编的动作独立诵读童谣。
3. 感受牧鹅老伯的辛勤劳动、积极乐观的品质。

活动重难点

1. **重点：**读准［o］韵，独立诵读童谣。
2. **难点：**感受牧鹅老伯的辛勤劳动、积极乐观的品质。

活动准备

1. 经验准备：已开展科学活动“认识鹅”、潮汕童谣活动“头哩浮大包”，家长带领幼儿去农场观察。

2. 物质准备：《放鹅谣》相关音视频、PPT。

活动过程

一、音频导入，引起兴趣，引出童谣

老师带来了一群朋友，仔细听听它的声音，猜猜这群朋友是谁。（出示图片、播放视频，揭晓谜底）

二、感知童谣，对童谣内容有初步的印象

1. 完整诵读童谣，问：童谣的名称叫什么，里面有谁，他在干什么？
2. 结合图片朗读童谣，问：童谣讲了一件什么事？

三、结合图片，理解童谣

1. 逐句理解童谣。

“趡鹅”是放鹅、赶鹅的意思。

“篙儿一扬”就是竹竿被挥起、拿起的意思。“篙儿一扬歌声起”就是阿伯一拿起竹竿就张口唱歌。

“鹅儿随声高唱和”是说白鹅一听到阿伯在唱歌，就随着他的歌声一起“喔喔喔”大声叫，好像它们也在唱歌，好像在对阿伯说：“阿伯的歌好听，好好好！”

2. 理解童谣押［o］韵。

这首童谣在读音里有一个小秘密，小朋友们发现了吗？

这首童谣的“竿”“歌”“和”都发［o］的音，这就是押［o］韵。你们平时听到什么字是发［o］的音？

小结：放鹅阿伯很辛苦，每天天还没亮就起床，晚上等白鹅睡觉后才可以睡觉。但是，阿伯并没有不开心、发脾气，他还边放鹅边唱歌给白鹅听，白鹅听到阿伯唱歌，也“喔喔喔”地叫，好像在夸赞阿伯唱歌真好听，也好像在谢谢阿伯。

四、自由表达，迁移童谣经验

1. 小朋友们，你们觉得放鹅阿伯是一个怎样的人？如果你们是白鹅，你们会对放鹅阿伯说什么？

2.（出示小孩子帮阿伯放鹅的图片）图片里有谁呀？他们在干什么？

3.（观看劳动者乐于劳动、苦中作乐的视频）视频里面有谁？他们在做什么？你们身边有谁也是工作很辛苦但很开心？

小结： 在生活中有很多人工作很辛苦，但还是开开心心地生活，就像爸爸妈妈、叔叔阿姨，我们要向他们学习，热爱劳动、快乐生活。

五、创编动作，分享交流

1. 幼儿自由创编动作。

可以用什么动作来表演童谣？引导幼儿根据对童谣的理解创编动作，可一句童谣一个动作，也可一句童谣多个动作。

2. 分组在集体前展现创编的作品。

六、归纳总结，结束活动

《放鹅谣》里的鹅很可爱，放鹅阿伯很辛苦却很开心，我们也要做一个热爱劳动、开心生活的好孩子。

活动延伸

一、集体活动

1. **语言活动：** 潮汕童谣《放鹅谣》（节选二、三、四段）；古诗“咏鹅”。

2. **艺术活动：** 手工“大胖鹅”，雕塑欣赏《抱鹅的少年》。

3. **社会活动：**“勤劳的农民伯伯”。

二、区域活动

1. **阅读区：** 绘本《大白鹅的生日宴会》《鸭子，鹅》《小鹅，南希》《傻鹅皮杜妮》等。

2. **表演区**："放鹅阿伯的一天"。

3. **美工区**：大胖鹅。

三、家园合作

亲子诵读童谣，共绘鹅的作品。

活动亮点

1. 将童谣图片以 PPT 动画的形式呈现，动态的形象更有助于吸引幼儿的注意力，帮助幼儿更直观地理解童谣。

2. 幼儿自由创编动作。节选的童谣相对比较短，内容相对简单易懂，幼儿根据每一句的内容创编一个难度不会太大的动作，让幼儿边做动作边读童谣不仅能够加深幼儿对童谣的印象，同时也增加了活动的趣味性。

资源链接

1. 微课

2. 相关图片

潮汕地区的"狮头鹅"：中国农村培育出的最大优良品种鹅，也是世界上的大型鹅之一，原产于广东省潮州市饶平县浮滨乡，现多分布于广东省汕头市澄海区

《农事歌》中班课程设计

农事歌[①]

正月落粟种[②]，二月荫冬瓜，
三月禾苗长，四月茄开花，
五月桃团熟[③]，六月掘地瓜，
七月摘龙眼[④]，八月剥麻皮，
九月鱼菜齐，十月新米炊，
十一月柑皮红，十二月梅开花。

【注释】①《全本潮汕方言歌谣评注》第 395 页。②粟种：稻谷种子。落种：也叫“下种”，即播种。③桃团：桃子。④龙眼：白读为 [nêg$^{8\ (4)}$ oin^{2}]。

【押韵】2、4、6、8、10、12 句押 [uê]（锅）韵。

设计意图

不同的植物生长周期各不相同，对于农民来说，一整年都是忙碌劳动的日子。农民，是一个特殊的阶层，与土地为伍、向大地求生，一天又一天、一年复一年，风里来、雨里去，脸朝黄土背朝天，奉献了丰收的硕果，也展示了勤劳朴实的品行。

童谣《农事歌》通过描述 12 个月份的农忙现象，塑造了农民伯伯辛勤劳作的形象，传达了坚持不懈、热爱劳动、吃苦耐劳的精神。通过童谣的学习，让幼儿体会到劳动的艰辛，学会体谅农民伯伯、珍惜粮食；感受体谅父母的不易，学会主动分担家务。

潮汕农民手工收割水稻

每一粒稻谷都是农民辛勤劳作的成果

活动目标

1. 认识 12 个月份与其对应的农忙活动，学习词汇：“落粟种”“荫冬瓜”“剥麻皮”“鱼菜齐”“新米炊”。

2. 能准确将月份和农忙活动一一对应并独立诵读童谣。

3. 体会农民伯伯的辛苦以及坚持不懈、热爱劳动、吃苦耐劳的精神。

活动重难点

1. **重点：**准确将月份和农忙活动一一对应并独立诵读童谣。

2. **难点：**体会农民伯伯的辛苦以及坚持不懈、热爱劳动、吃苦耐劳的精神。

活动准备

1. 经验准备：父母带孩子去生态园、种植园实地体验，对农忙现象有一定的了解。

2. 物质准备：童谣 PPT，2 份农忙图片和月份卡片。

活动过程

一、视频导入，引出童谣

播放视频，说说视频里面的人在做什么？“视频讲了农民伯伯在辛勤劳作，他在锄地、播种、收割，满头大汗，非常辛苦。”

（播放 PPT，出示卡片并将其贴到黑板上）一年有 12 个月，让我们来认识它们吧。

小结：一年有 12 个月，每个月里农民伯伯都要做不同的事情，让我们来听一听他们都在做什么事吧。

二、完整感知童谣

1. 完整诵读童谣，问：农民伯伯每个月都在干什么？
2. 结合图片诵读童谣，问：农民伯伯每个月都在干什么？

三、结合图片，逐句理解童谣

“落粟种”：农民伯伯把稻谷种子播撒在田里，让它们生根发芽。

“荫冬瓜”：农民伯伯将冬瓜籽插在松好的土里，让它们生根发芽。

“剥麻皮”：麻叶树叫红麻，红麻的嫩叶就是我们夏天最喜欢吃的麻叶，祛暑效果非常好。红麻成熟后，就可以把皮剥下来做绳子。

“鱼菜齐”：9 月是丰收月，鱼和蔬菜品种多、数量也多，每家每户餐桌上有鱼有菜，非常丰盛。

“新米炊”：1 月份种的稻谷种子在 10 月份成熟了，可以收割了，我们就有刚收割的稻米可以吃啦。

小结：因为每种动植物的生长是对应时节的，不同时节的农忙活动是不一样的。所以农民伯伯每个月份都在干活，非常辛苦！

四、游戏活动，学习童谣

小朋友们，农民伯伯忘了他要干什么了，小朋友可以帮帮农民伯伯吗？

1. 连线游戏。

玩法：将 12 个月份的卡片按顺序放置，将 12 张农忙图片打乱，随机放置在月份的后面，邀请 12 名小朋友根据月份找到对应的图片进行连线，按正确排列顺序，集体诵读。

2. 贴图游戏。

玩法：将 12 个月份的卡片按顺序放置，将 12 张农忙图片随机发放给 12 名小朋友，根据月份顺序让拿到对应图片的小朋友逐一贴到对应的月份上，集体诵读。

3. 配对游戏。

玩法：（按前后各 6 个月将幼儿分成 2 组）将月份卡片和对应的农事活动图片随机发给 12 名小朋友，在集体前放置 6 张椅子，让小朋友进行月份与农事活动图片的配对，拿到月份卡片的幼儿按顺序坐在椅子上，拿到对应农事活动图片的幼儿站立在后面。每组小朋友诵读对应的童谣。

4. 抽签游戏。

玩法：12 个月份卡片以及农事活动图片让小朋友自由抽取，抽到后完整诵读该句童谣，12 组幼儿抽取诵读后，按童谣顺序排列，集体诵读。

小结：农民伯伯终于记住每个月要做什么事情了，谢谢小朋友们的帮助。

五、活动结束

1. 小朋友们，这首童谣主要是讲农民伯伯每个月都有农活干，很辛苦，你们想对农民伯伯说什么呀？请小朋友把你们要说的话录下来。

2. 小朋友们，你们想对爸爸妈妈说什么？想帮爸爸妈妈做什么事？

活动延伸

一、集体活动

1. **语言活动：**

（1）潮汕童谣《花儿开》。以“月份 + 花名 + 状态词”创编童谣，例：

“一月水仙清 / 山茶开，二月杏花伸 / 迎春放。

三月桃花笑／蔷薇红，四月杜鹃满／牡丹香。

五月石榴裂／牡丹笑，六月兰花吐／木槿满。

七月荷花放／茉莉绽，八月桂花绽／玉簪生。

九月菊花傲／月季白，十月芙蓉斗／海棠聚。

十一月山茶开／水仙供，十二月梅花香／香樟立。”

（2）潮汕童谣《门脚一丘田》：“门脚一丘田，枉费我囝种掉工；三四唔下种，五六爱收乜冬？”

2. **艺术活动：**集体创作主题画“农事歌”。

3. **社会活动：**《农民伯伯辛苦了》。

二、区域活动

1. **语言区：**诵读童谣。

2. **角色表演区：**农民伯伯农活忙。

3. **种植区：**种植庄稼。

三、家园合作

请家长把幼儿对农民伯伯说的话和帮忙做家务的行动录成视频，上交给老师。

活动亮点

1. 本活动设计了连线、贴图、配对和抽签四个游戏，让小朋友在轻松活泼的氛围中快乐学习童谣，不仅能够避免单调刻板的诵读，还能寓教育于游戏中，化教育于无形。

2. 把想对农民伯伯说的话录制成视频的做法，可进一步升华小朋友对农民伯伯的积极情感，也为开展《农民伯伯辛苦了》的社会活动做好铺垫。

资源链接

1. 微课

2. 相关图片

浸泡稻谷

稻谷发芽

播种

秧苗

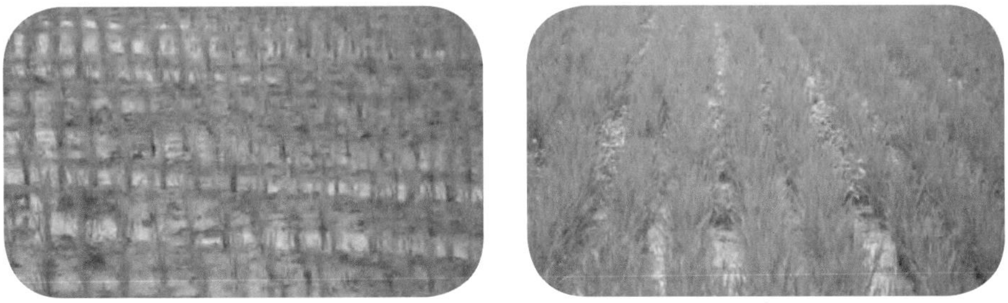

插秧

除草

施肥

扬花

成熟

收割

晾晒

鼓风筛选

碾米

《蜘蛛食饱坫瓦楣》中班课程设计

蜘蛛食饱坫瓦楣①

蜘蛛食饱坫瓦楣②，十五十六做风台③；
风台吹掉蜘蛛布④，蜘蛛无布哭哀哀⑤。
蜘蛛食饱坫瓦墘⑥，十五十六做风时⑦；
风时吹掉蜘蛛布，蜘蛛无布哭啼啼。

【注释】①《精选潮汕方言童谣》第 47 页。②蜘蛛：潮汕百姓视为勤劳的化身。坫 [diam3]：躲藏。③风台：台风。④蜘蛛布：蜘蛛网。⑤哭哀哀：呜呜地哭。⑥墘 [gin5]：边。⑦风时：也叫“风时雨”，阵雨。

【押韵】第一章 1、2、4 句押 [ai]（哀）韵，第二章 1、2、4 句押 [i]（衣）、[in]（丸）韵。

设计意图

位于我国东南沿海的潮汕地区，正好处在热带与温带交界的地方，三面背山，一面向海，北回归线贯穿而过，气候宜人，境内虽有富饶的潮汕平原，但地狭人稠、生存不易，且常受台风与地震威胁，生活于此的潮汕人民坚韧不拔、自强不息，努力克服条件的限制，创造了丰富多彩、独具特色的潮汕文明。

童谣《蜘蛛食饱坫瓦楣》使用借物喻人的表现手法，描写了一只不惧风雨破坏仍坚持织网的蜘蛛，实则颂扬如蜘蛛一般具有坚持与毅力精神品质的潮汕人民，生活虽苦但却依然刻苦耐劳、勤奋拼搏、百折不挠。通过童谣的学习，引导幼儿对蜘蛛产生共情，感受潮汕人民刻苦耐劳、勤奋拼搏、百折不挠的精神品质。

活动目标

1. 学习词汇："坫""瓦楣""瓦嵻""风台""风时""蜘蛛布""哭哀哀""哭啼啼"。
2. 能准确、完整、流利地诵读童谣。
3. 理解蜘蛛失落的情绪及不放弃的精神，感受潮汕人民百折不挠的精神品质。

活动重难点

1. **重点：** 辨别两段童谣的区别，准确诵读童谣。
2. **难点：** 理解蜘蛛失落的情绪及不放弃的精神，感受潮汕人民百折不挠的精神品质。

活动准备

1. 经验准备：已开展科学活动"蜘蛛来做客"、健康活动"台风来了"。
2. 物质准备：蜘蛛的制作实物，童谣 PPT（蜘蛛、蜘蛛网、台风、蜘蛛网破了、蜘蛛哭泣等），潮汕地区台风灾害的视频，彩色绳子数量与幼儿人数相同。

活动过程

一、经验导入，引出童谣

1. 蜘蛛喜欢把房子建在哪里？蜘蛛网怕什么？
2. 如果蜘蛛网破了，蜘蛛的心情会怎么样？

二、有感情地诵读童谣，初步感知童谣内容

1. 教师有感情地诵读童谣，问：童谣的名称是什么，童谣里面有谁，发生了什么事？

2. 再次诵读童谣，问：蜘蛛为什么在哭哀哀、哭啼啼？

三、结合 PPT，理解童谣，迁移童谣经验

1. 演示 PPT，理解词汇。

“坫”：藏。

“瓦楣”“瓦墘”：屋檐下。

“风台”：台风。

“风时”：阵雨。

“蜘蛛布”：蜘蛛网。

“哭哀哀”：大声地哭。

“哭啼啼”：小声地哭。

2. 演示 PPT，理解童谣主题。

（1）蜘蛛吃饱饭后藏在哪里，它在做什么？蜘蛛一吃饱就织网抓虫子，你想对蜘蛛说什么？

（2）为什么台风吹掉蜘蛛布，蜘蛛哭哀哀，而风时吹掉时只是哭啼啼？

（3）蜘蛛的房子被风台、风时吹破了，心情怎么样？如果我们的房子坏了，你的心情怎么样？你想对蜘蛛说什么？

（4）蜘蛛的房子被风台吹破了，为什么还有第二个房子被风时吹破呢？

（5）蜘蛛的房子被风台、风时吹破了，蜘蛛还会继续建房子吗？你想对蜘蛛说什么？

（6）（播放视频）潮汕地区经常会有台风、洪水，我们的房子、庄稼都会受损，我们潮汕人就像童谣里的蜘蛛一样，心情会很不好，但等台风、洪水过后，撸起袖子赶紧干活，所以我们的房子才会越建越漂亮、生活越过越好！

3. 出示图片，学习童谣。

（1）童谣有两段，让我们找一找，哪里不一样。

（2）结合 PPT，集体诵读童谣。

四、游戏“躲避台风”，自然结束活动

请一名幼儿扮演“台风”，其他幼儿扮演蜘蛛，绳子当“蜘蛛网”。“蜘蛛”双手抓紧绳子置于头顶或胸前，可走可跑，全体诵读童谣至“哭哀哀”“哭啼啼”时，“台风”就可以去抓绳子，失去绳子的幼儿则返回座位。完整一轮结束时，场上的“蜘蛛”作“哭哀哀、哭啼啼”状，已返回座位的“蜘蛛”去安慰他们。

活动延伸

一、集体活动

1. **社会活动：**“劳动最光荣”。
2. **艺术活动：**绘画“好忙的蜘蛛”，手工“蜘蛛造房子”、音乐律动“小蜘蛛”。
3. **语言活动：**故事《铁杵磨针》。
4. **健康活动：**体育“台风的路线”。

二、区域活动

1. **阅读区：**绘本《蜘蛛先生搬家》《蜘蛛的日记》《环球旅行的蜘蛛》《蜘蛛和糖果店》《蜘蛛的葬礼》《苏菲的杰作——一只蜘蛛的故事》等。
2. **美工区：**蜘蛛造房子。
3. **角色区：**蜘蛛的一天。

三、家园合作

1. 请家长搜集关于毅力与坚持的故事，讲给孩子听。
2. 亲子诵读童谣，亲子完成《蜘蛛造房子》的手工作品。

活动亮点

1. 经验导入的方式有利于帮助幼儿在已有经验与新知识之间建立联系，令幼儿

更快速地进入活动状态，为理解新知识奠定基础。

2．以循序渐进的启发式问题引发幼儿积极思考，在活跃思维、主动表达的过程中，自觉感悟童谣主题，使幼儿真正成为学习的主人，也体现了教师作为幼儿学习的协作者、支架的提供者。

3．潮汕地区灾害视频的播放有助于深化活动主题，不仅可令幼儿产生前文学知识，知道童谣作品借物喻人的表现手法，还可以从本首童谣产生共情的基础上，自觉萌发为人民、家乡、祖国而努力的积极情感。

资源链接

相关图片

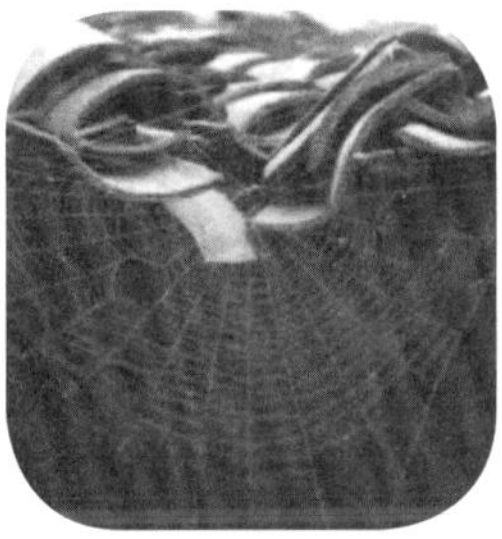

屋檐下的蜘蛛网

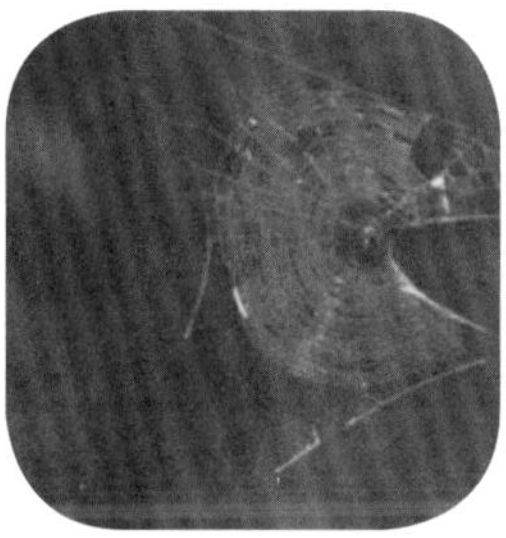

破了一角的蜘蛛网

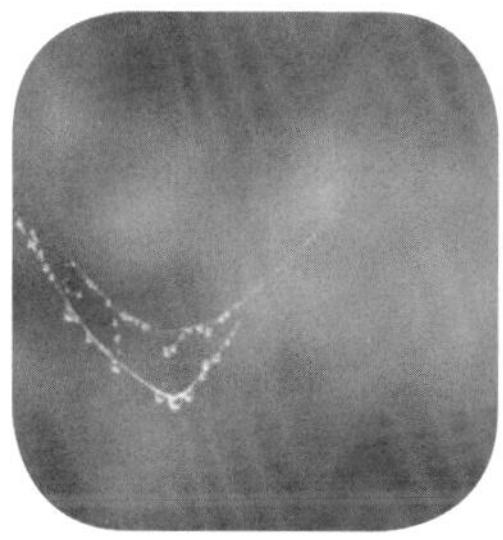

雨后蜘蛛网

《鸡鸟团》大班课程设计

鸡鸟团[①]

鸡鸟团，跳上椅，
俐伶新妇会早起[②]；
入客厅，摆床椅[③]；
入灶下[④]，洗碗碟；
入房内，用针黹[⑤]。
父母会教示[⑥]，翁姑有福气[⑦]。

【注释】①《精选潮汕方言童谣》第 75 页。②新妇 [bu^{6}]：儿媳妇。早起 [zao$^{2\ (6)}$ ki^{2}]：起床。③床椅：泛指桌椅板凳。④灶下：厨房。⑤针黹 [zi^{2}]：针线活。⑥教示：管教，培养。⑦翁姑：公公和婆婆。

设计意图

古人云“一生之计在于勤”，勤劳是中华民族的传统美德，一直以来备受人们的重视，潮汕人民以勤劳务实、拼搏奋斗成就了“东方犹太人”之美誉，潮汕女子更是以“贤惠、秀外慧中、出得厅堂入得厨房”的形象深入人心。

能干的女人

童谣《鸡鸟团》描绘了一位潮汕巧媳妇早起洗碗碟、摆桌椅、做针线活等家务劳动场景，体现了她手脚麻利、勤快能干的劳动品质。通过童谣的学习，让幼儿体会劳动的辛苦，鼓励他们向伶俐媳妇学习，积极主动帮助老师和家长做一些力所能及的劳动，希望家庭能利用生活中一些最常见的家务劳动让孩子体验、思考、感受，进而培养热爱劳动的美好情感。

活动目标

1. 学习词汇“俐伶”“针黹”“教示”，理解“父母会教示，翁姑有福气”的意思。
2. 感受家人做家务劳动的辛苦，懂得要做一个勤快、讲卫生的好孩子的道理。
3. 能根据童谣里隐藏的对应关系将童谣按顺序诵读出来。

活动重难点

1. **重点**：学习词汇“俐伶”“针黹”“教示”，按童谣顺序正确诵读。
2. **难点**：理解童谣中新妇的做法为什么体现“父母会教示，翁姑有福气”。

活动准备

1. 经验准备：对摆桌椅、洗碗碟、简单的针线活等家务活动有基本了解。
2. 物质准备：PPT，童谣内容的 12 张图片。

活动过程

一、故事导入，激发幼儿的兴趣

小朋友们，老师要讲一个藏着一首童谣的故事，看看哪位小朋友能发现这个故事藏着哪一首童谣。有两个姑娘是一对好朋友，一个叫邋遢，一个叫俐伶。有一天，邋遢去俐伶家做客，邋遢感叹道："哇！你的家真干净！你是怎么做到的？"俐伶说："我在鸡鸟团跳上椅的时候就起来做家务活啦。""你那么早起床做了什么家务呀？""我入客厅，摆桌椅；入灶下，洗碗碟；入房内，用针黹。"邋遢佩服地说："哇！你入客厅，摆桌椅；入灶下，洗碗碟；入房内，用针黹。你的父母真会教示、翁姑真有福气。"

小朋友们，你们发现故事里的童谣了吗？

二、教师诵读童谣，引导幼儿初步感知童谣

1. 完整诵读整首童谣，问：童谣里有谁？提到了什么家务活？
2. 结合图片完整诵读整首童谣，问：童谣里的俐伶新妇在哪里做哪些家务活？

三、结合图片，理解、学习童谣

1. 出示图片，逐句解释童谣。

（1）"俐伶"：勤快，手脚麻利，做事很快，还做得很好。

（2）"新妇"：媳妇。

（3）"针黹"：用针线做的针线活，比如刺绣、缝衣服等等。

（4）"父母会教示"：是爸爸妈妈懂得教育孩子，让孩子变得很能干，把俐伶教育得又勤快又懂事，爸爸妈妈真的很棒。

（5）"翁姑有福气"：是说公公嬷嬷有这么能干的媳妇，不仅能做家务活动，还尊敬长辈，每天都过得很开心有福气。

2. 结合图片，集体诵读童谣。

3. 配对游戏："找朋友"。

游戏玩法：分发 12 张图片给小朋友，里面有鸡、新妇、客厅、桌椅等，根据每一句童谣的对应关系找朋友，例如鸡团和椅子、客厅和桌椅。找到好朋友后手拉手到集体前按童谣顺序排好队，诵读童谣。

四、幼儿自由表达，迁移童谣经验

1. 俐伶新妇想问："小朋友们，你们会做什么家务呢？"幼儿回答后，俐伶新妇："哇，小朋友真棒！"

2. 小朋友们想对邋遢说什么呀？听到小朋友们这么说，邋遢很害羞，她说："好的，我要回去做家务活了，欢迎小朋友来我家做客。"

3. 老师和爸爸妈妈工作都很辛苦，小朋友们想怎么做？

小结：小朋友们，很多人都像我们潮汕地区的俐伶新妇一样，每天辛苦工作，还会把家里、工作、学习的地方收拾得干干净净，他们就是一群热爱劳动、值得点赞的人！

五、活动结束

小朋友们，我们要向俐伶一样做一个讲卫生、爱劳动的好孩子，自己的事自己做，不会的事情学着做。现在，让我们一起收拾教室，让教室更干净整洁吧！

活动延伸

一、集体活动

1. **语言活动：**创编童谣《鸡鸟团》。如"鸡鸟团，跳上椅，俐伶妹妹会早起；入客厅，摆床椅；入食厅，摆碗碟；入房内，折衣仔。父母会教示，一家真欢喜"。

2. **艺术活动：**手工"穿针引线真厉害"。

3. **社会活动：**"勤快的人儿真美丽"。

二、区域活动

1. **角色区：**"能干的俐伶"，由幼儿扮演讲卫生、勤快的俐伶自由创编游戏。

2. **阅读区：**绘本《小老鼠忙碌的一天》《白兔夫人》《忙碌的熊爸爸》《妈妈要去上班啦》《忙碌的建筑工地》《有一天》《朱家故事》《爷爷一定有办法》等。

3. **建构区：**搭建干净的大房子。

4. **美工区：**穿针引线忙。

三、家园合作

1. 帮忙做力所能及的家务劳动，请家长录下视频上传到班群分享。

2. 在家长的协助下，列出"一天的家务活"清单。

活动亮点

1. 以《俐伶与邋遢》的小故事创设情境引出童谣，迁移环节通过幼儿之口把俐伶勤快、讲卫生的做法和倡议表达出来，在润物细无声中实现情感目标。

2. 生动有趣的“找朋友”配对游戏，不仅增强活动的趣味性，还能让儿童通过参与更好地理解每一句童谣的对应关系和童谣顺序，进而掌握童谣。

资源链接

1. 微课

2. 相关图片

摆桌椅

针线活工具

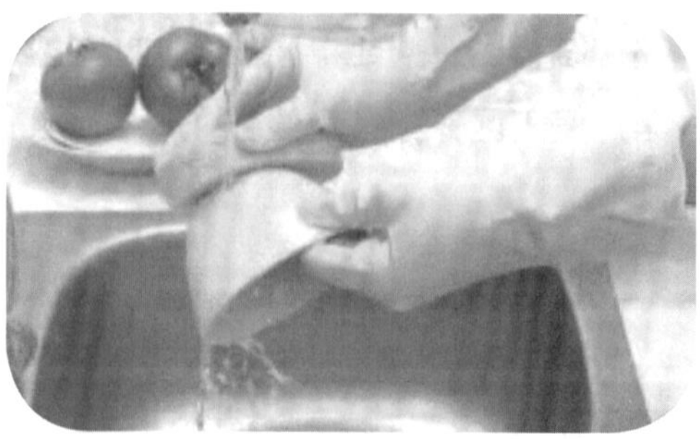

洗碗

《拍啊拍铰刀》大班课程设计

拍啊拍铰刀①

拍啊拍铰刀②，打来铰绫罗③；
绫罗整，过深河；
深河深河深，一群姿娘团在听琴④；
琴好听，阿公阿妈坐客厅⑤；
客厅通底块⑥？通到后头花园边；
园中好花唔甘摘⑦，留分娘团插支辫⑧。
支辫插好去落田⑨，保贺阿兄收大冬⑩。
大簟锥⑪，细簟涨⑫，
大家共庆丰收年，丰收年！

【**注释**】①《精选潮汕方言童谣》第19页。②铰刀：剪刀。③铰 [ga¹]：剪出。④姿娘团：小姑娘。在 [lo⁶]：正在。⑤阿公阿妈 [ma²]：爷爷奶奶。⑥客 [kah⁴] 厅：旧式潮汕民居的主建筑上的大厅，可用于祭拜祖宗、会客等。通 [tang³]：这里是连接、通往的意思。底 [di⁷] 块：哪里。⑦唔甘：舍不得。⑧留分 [lao⁵bung¹]：留给。娘团：小娘子。⑨落田：下田。⑩保贺：保佑。收冬：收获季节。⑪簟 [diam⁶]：竹席。锥：满而高，像圆锥体。⑫涨：读 [din⁶]。

设计意图

潮汕地区四季温暖，一年四季都可耕种，潮汕人民深谙勤劳是生存之道，几乎一整年都在辛勤劳作。在劳作之余，潮汕人民也懂得享受生活，潮汕工夫茶、潮汕小食、潮州菜、潮剧、潮州音乐等都是潮汕人民的智慧结晶和享受生活的美好见证。

童谣《拍啊拍铰刀》不仅让读者感受到丰收的喜悦，同时也明白丰收背后是需要辛勤劳作的道理。通过童谣的学习，培养幼儿热爱劳动的意识，鼓励幼儿在日常生活中养成勤劳、勤快的好习惯。

活动目标

1. 学习词汇："绫罗""收大冬""大簟锥""小簟涨"，学习顶真的文学表现形式。
2. 能按顶真的表现手法，独立、完整地读出童谣。
3. 体会丰收的喜悦，明白丰收背后需要辛勤付出的道理。

活动重难点

1. **重点：**学习顶真的表现手法，并独立、完整地读出童谣。
2. **难点：**明白丰收背后需要辛勤付出的道理。

活动准备

1. 经验准备：爸爸妈妈带幼儿去乡村或观看视频，了解丰收的场景。
2. 物质准备：童谣 PPT，童谣图片。

活动过程

一、图片导入，引出童谣

小朋友们，说到秋天，你们会想到什么呢？（用图片引导幼儿回答苹果变红了、

石榴咧开了嘴、稻穗弯下了腰）

（出示童谣图片）我们一起来听一听丰收的童谣吧！

二、感知童谣

1. 教师有感情、有节奏地朗读整首童谣，带领幼儿初步感知童谣。

2. 借助图片再次朗读童谣，带领幼儿进一步感知童谣。

三、理解童谣，学习顶真的表现手法

1. 结合 PPT，逐句解释童谣的意思，帮助幼儿理解童谣。

“绫罗”：丝织品。

“收大冬”：收晚稻。

“大箩锥，小箩涨”：装稻谷的大竹筐装满成锥形，小竹筐也已经装满了，形容稻谷大丰收。

2. 结合 PPT，学习童谣顶真的表现手法。

（出示童谣第一二句的图片）小朋友们，认真看一下屏幕，找一找有什么小秘密？

小朋友们真棒，发现了第一句童谣的最后一张图片跟第二句的第一张图片是一样的，用第一句最后的词作为第二句的开头，这种表现手法就叫顶真。童谣第一句“拍啊拍铰刀”中的铰刀就是第二句“（铰刀）打来铰绫罗”的开头，但是“铰刀”这个词藏起来不说。我们来看看第二句的最后一个词是“绫罗”，“绫罗”是第三句的开头。“铰刀”“绫罗”就是顶真相同的词，小朋友们，我们再来找找，童谣里还有哪些是顶真相同的词？

3. 接龙游戏，进一步理解顶真的表现手法。

拿到图片的小朋友按童谣的路径顺序排好，第一个小朋友读出图片上的童谣，并说出顶真相同的词，例如，第一个小朋友读“拍啊拍铰刀，铰刀”，第二个小朋友接“（铰刀）拍来铰绫罗，绫罗”，第三个小朋友接“绫罗整，过深河，深河”……

四、迁移童谣经验，感受丰收的喜悦

1. 童谣里面的人们心情是什么样的？

2. 我们在种植区种了什么？我们做了什么事？植物在你们的精心照顾下有没有

发生什么变化？看到这些变化，你们的心情是什么样的？

小结：在种植区里，你们感受到了和童谣里面的人们一样的心情，不管做什么事，都是有付出才会有收获。

五、归纳总结，结束活动

小朋友们，学习了童谣《拍啊拍铰刀》，知道了丰收的庄稼是农民伯伯平日里辛苦劳作、用汗水换来的，我们要像农民伯伯一样热爱劳动，才能收获甜甜的大果实！

活动延伸

一、集体活动

1. **艺术活动：**儿童歌曲《秋天多么美》；儿童绘画《庆丰收》。
2. **语言活动：**潮汕童谣《门脚一丘田》："门脚一丘田，枉费我团种掉工；三四唔下种，五六爱收乜冬？"
3. **社会活动：**"农民伯伯辛苦了"。

二、区域活动

1. **语言区：**读童谣玩顶真接龙游戏。
2. **角色区：**扮演童谣的角色进行游戏。
3. **阅读区：**绘本《克里斯托弗家的丰收季》《收获的季节》《丰收的农场》等。

三、家园合作

1. 亲子游戏：拍一拍、读一读（边拍手边诵读童谣）。
2. 收看秋天庆丰收的电视节日或观看视频。

活动亮点

1. 结合图片理解顶真的文学表现手法。顶真（顶针），亦称联珠、蝉联，是指上句的结尾与下句的开头使用相同的字或词，用以修饰两句子的声韵的方法。这种表现手法能起到环环紧扣、引人入胜的作用，是文学作品常见的修辞方法。本活动以图片将抽象的顶真概念直观形象化，可帮助幼儿快速理解童谣。

2. 接龙游戏帮助幼儿进一步理解、掌握顶真的表现手法。在轻松愉悦的氛围中，以操作体验代替传统的诵读方式，有利于幼儿更好地理解和掌握顶真的知识。

资源链接

1. 微课

2. 相关图片

庆丰收

《钓鱼阿哥空费劳》大班课程设计

钓鱼阿哥空费劳①

七丈溪水七丈深②，七尾鲤鱼头带金；
七条红线钓唔起，钓鱼阿哥空费心。
七丈溪水七丈流，七尾鲤鱼泅过沟③；
七条红线钓唔起，钓鱼阿哥空费劳。

【注释】①《全本潮汕方言歌谣评注》第 293 页。②溪水：河水。③泅 [siu^5]：游，游泳。沟：指小河。

【押韵】第一章 1、2、4 句押 [im]（音）韵；第二章 1、2、4 句押 [ɑo]（欧）韵。

设计意图

劳而不获的事常有，不劳而获的事是没有的，人要成功，须宁可劳而不获，不可不劳而获，这种观念根植于潮汕民众的心中，激励着一代代潮汕人热爱劳动、拼搏奋斗、自强不息、坚韧不拔，形成了潮汕人优秀的精神品质。

劳动创造价值

童谣《钓鱼阿哥空费劳》讲述了阿哥费心费力钓鱼，最终无所收获的故事，反映了现实生活中人们殚精竭虑却依然有可能劳而不获的事实。让幼儿通过揣摩童谣主人公钓鱼阿哥心情的基础上体验钓鱼的不易，萌发尊重劳动者、产生不管遇到什么挫折依然乐观生活的积极情感。

活动目标

1. 学习词汇："空费心""空费劳"。

2. 能用"xx xx xx x"的节奏完整地诵读童谣。

3. 体会钓鱼阿哥劳而不获的郁闷心情，产生不管遇到什么挫折依然不放弃的积极情感。

活动重难点

1. **重点：**能用"xx xx xx x"的节奏诵读童谣。

2. **难点：**感受钓鱼阿哥劳而不获的郁闷心情和积极乐观的心态。

活动准备

1. 经验准备：通过观看视频了解钓鱼的过程。

2. 物质准备：六套钓鱼玩具模型，PPT，幼儿分六组就座，"xx xx xx x"的节奏图谱。

活动过程

一、故事导入，引出童谣

今天老师带来了一个故事，故事里藏着一首童谣，仔细听听童谣讲了一件什么事？

钓鱼阿哥听说七丈溪里面有七条吉祥鱼。这些吉祥鱼不仅头带金光、非常漂亮，还可以给人们带来好运、保佑平安。阿哥听了非常高兴，问清楚在哪里可以钓到吉祥鱼、吉祥鱼喜欢吃什么东西后，开始准备钓鱼的工具和鱼料，开心地来到七丈溪边，

摆好鱼竿静静等待鱼儿上钩。小朋友们猜猜看，阿哥钓到鱼了吗？（教师读童谣第一段）

钓鱼阿哥钓不到吉祥鱼，非常郁闷。他仔细回想昨天钓鱼的过程，生怕因为漏了哪个环节才没有钓到吉祥鱼，还向经验丰富的钓鱼爷爷请教钓鱼技巧。第二天，钓鱼阿哥信心十足，拿着他的钓具和鱼料重新来到七丈溪，摆好鱼竿静静等待鱼儿上钩。小朋友们猜猜看，阿哥有没有钓到鱼？（教师读童谣第二段）

阿哥换了很多个钓鱼地方，拿钓具东跑西跑，在水深的地方钓不到吉祥鱼，水浅的地方也钓不到。太阳下山了，鱼钩还是空空的，没有鱼，阿哥郁闷地回家了。

二、以同情的口吻诵读童谣，引导幼儿初步感知童谣

1. 有节奏地诵读童谣，问：童谣里面有谁，他想钓什么样的鱼，他用多少条红线在钓鱼，钓到了吗？

2. 结合图片，有感情、有节奏地诵读童谣，问：童谣讲了什么事？

三、结合图片，帮助幼儿理解童谣

1. 结合图片，逐句理解童谣。

“空费心”：钓鱼阿哥为了钓到吉祥鱼，到处去打听吉祥鱼生活在哪里，是水深的地方还是水浅的地方，还打听了吉祥鱼爱吃什么东西，花了很多的心思，可是没有钓到鱼，这些心思白白浪费了。

“空费劳”：钓鱼阿哥一大早就带着钓具和鱼料，不辞辛苦地走了很远的路才来到七丈溪，花费了很多时间却没有钓到鱼，白白浪费了一天的劳动。

2. 结合图谱，有节奏地诵读童谣。

（1）教师有节奏地诵读童谣，让幼儿拍手打节奏，引出节奏“xx xx xx x ”。

（2）师幼一起边拍手边按节奏诵读童谣。

（3）幼儿边拍手边按节奏诵读童谣（集体、小组、个人）。

四、自由表达，迁移童谣经验

1. 钓鱼阿哥费心费力去钓鱼，但是都没有钓到鱼，钓鱼阿哥的心情怎么样？你想怎样安慰钓鱼阿哥？（引导小朋友体会钓鱼阿哥劳而不获的郁闷心情，产生同情阿哥的情感。）

2. 小朋友有没有遇到过很努力却做不好事情的时候？你的心情是怎么样的？你是怎样让心情变好的？

小结：很多人每天费心费力工作，不仅辛苦，而且有时候还没有收获，像钓鱼阿哥一样，很郁闷。但是，我们也可以像小朋友说的那样不气馁、不放弃，继续努力！

五、游戏活动，自由结束

第三天，钓鱼阿哥继续带着钓具和鱼料来到七丈溪，我们一起来帮阿哥钓鱼吧。

将小朋友分成六组，每组一个钓鱼玩具模型，时间为 3 分钟，以钓起玩具鱼数量最多的一组获胜。

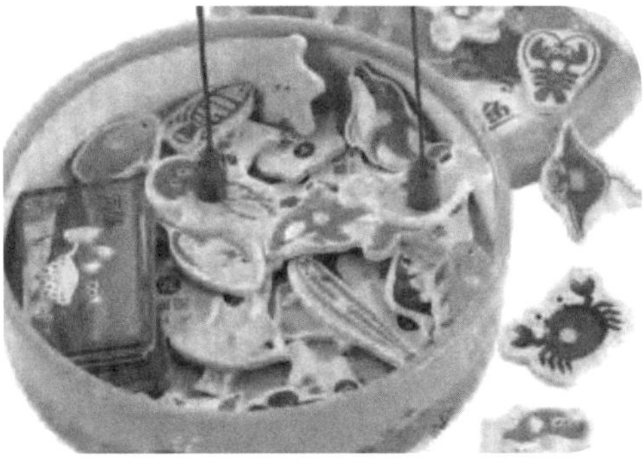

活动延伸

一、集体活动

1. **艺术活动：**音乐游戏“钓鱼记”。
2. **语言活动：**故事《小猫钓鱼》。
3. **健康活动：**体育“钓鱼小能手”。

二、区域活动

1. **操作区：**我会钓鱼。
2. **游戏区：**角色扮演钓鱼阿哥、小鱼们，玩钓鱼游戏。
3. **阅读区：**故事书《小猫钓鱼》，绘本《花婆婆》《朱家故事》等。

三、家园合作

1. 亲子诵读童谣，共玩“钓鱼”游戏。
2. 请家长带领孩子到滨江长廊采访钓鱼者。

活动亮点

1. 以故事创设情景，吸引幼儿注意，不仅有利于教学活动的展开，也有利于幼儿理解童谣。

2. 引导幼儿按“xx xx xx x ”的节奏诵读童谣，让幼儿在学习童谣的同时感受童谣的节奏感和韵律感，有利于培养幼儿文学美的感受力。

3. 钓鱼游戏环节把整个活动推向高潮，不仅增添活动的趣味性，还进一步让幼儿在活动中体会钓鱼阿哥劳而不获的郁闷心情，萌发同情他人、产生不管遇到什么挫折依然不放弃的积极情感。

资源链接

1. 微课

2. 相关图片

穿蓑衣的垂钓者

穿蓑衣的捞鱼者

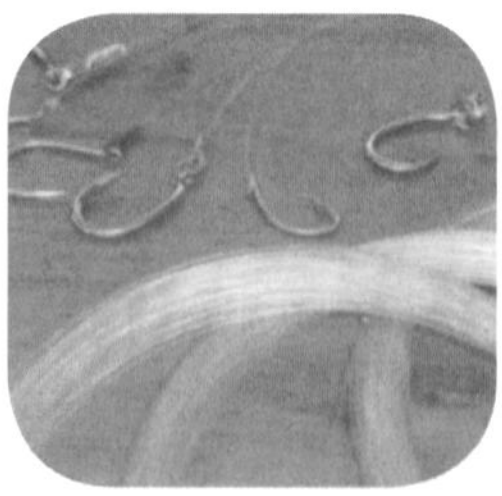
鱼钩和鱼线

鱼篓

务实笃行 精细入微

合抱之木，生于毫末；九层之台，起于垒土；千里之行，始于足下

李泽厚在《中国古代思想史论》中说中国的辩证法是“行动的”，而非“思辨的”，笃行、务实、追求精细的文化精神就是这种“行动的”辩证法的体现。“成功缘于实干，祸患始于空谈”，朴实求是的务实、经世致用的笃行、天下大事必作于细等品质是中华民族特有的传统美德和民族精神。潮汕人内心廉正、行为淳厚，注重现实、崇尚实干，轻浮华、贬空谈，鄙视华而不实，追求充实而有活力的人生。潮汕童谣将优秀传统文化精神通过众多生动具体的形象一一阐释，幼儿通过童谣的学习可将蕴含其中的文化精神内化为自觉的人生追求。

《阿兄读书真离奇》中班课程设计

阿兄读书真离奇[①]

阿兄读书真离奇，赶人通日读书诗[②]；
做知猫书读一肚[③]，唔识猫娘共猫牯[④]。

【注释】①《精选潮汕方言童谣》第 97 页。②赶人：跟人。通日：整天。通：音 [tang³]。③做 [zo³] 知：怎知。猫书：对“书”的戏称。④唔：不。识 [bag⁴]：认识；懂、会。猫娘：母猫。猫牯：公猫。牯 [gou²]：猪、牛、羊、鹅、鸭等动物的雄性。共：和、及。

设计意图

博览群书能使人拥有丰富的知识，读书能改变个人、国家和民族的命运，但“学而不思则罔”，特别是在当今的社会，社会经验的多少将直接决定其人生轨迹的高度。社会经验可以让我们避免犯一些不必要的错误，如果只会死读书或读死书的人肯定是脱离社会的书呆子，就如本首童谣中的读书阿兄一样，虽然读了很多书，但却无法分辨公猫和母猫而闹出笑话，令读书这一文明行为也被误认为是无用之举。通过学习本首童谣，引导幼儿理解读书很重要，但也要动手动脑，读书的同时也要思考和实践，千万不能死读书或读死书。

活动目标

1. 学习词汇："离奇""猫娘""猫牯"，理解读书阿兄的离奇之处。
2. 能独立、有表情地诵读童谣。
3. 感受童谣里的讽刺意味，懂得读书要多动手、多动脑的道理。

活动重难点

1. **重点：**理解读书阿兄的离奇之处，能有表情地诵读童谣。
2. **难点：**感受童谣里的讽刺意味。

活动准备

1. 经验准备：科学活动——认识"猫"。
2. 物质准备：手偶，潮汕童谣音频、童谣 PPT、打击乐器若干。

活动过程

一、故事导入，引出童谣

1. 讲述故事，问：①故事里有谁，发生了什么事？②嬷嬷说阿兄什么，她为什么要这样说？③你觉得读书阿兄是一个什么样的人？

2. 引出童谣：老师把这个故事编成了一首童谣，请小朋友仔细听听童谣在讲什么。

二、教师诵读童谣，引导幼儿初步感知童谣

1. 用滑稽的语气诵读童谣，问：童谣里有谁？发生了什么事？
2. 再次诵读童谣，问：为什么说"读书阿兄真离奇"？

三、结合图片，理解童谣

1. 理解词汇。

“离奇”：出人意料。“赶人”：跟人。“通日”：整天。“做知”：怎么知道。“猫书”：没用的书。“猫娘”：猫妈妈。“猫牯”：猫爸爸。

2. 为什么说“读书阿兄真离奇”：阿兄整天跟着人家读书念诗，读了很多书，但还是分不清猫爸爸和猫妈妈。

3. 集体诵读童谣，问：我们可以用什么样的语气来读这首童谣？请你试一试。

四、自由表达，迁移童谣经验

1. 你们觉得读书阿兄怎么样，聪明吗，为什么呢？（他只会跟着念诗读书，不动脑筋，没有学习到真正的本领。）

2. 读书阿兄听到嬷嬷批评他，他很委屈地说：“我真的没办法分清楚公猫和母猫嘛。”小朋友们来告诉读书阿兄如何分辨公猫和母猫吧。

3. 你想对读书阿兄说什么？（不能只知道读书，不知道动脑筋。）

4. 平时读书的时候，你是怎样做的？跟读书阿兄有什么不一样的地方？

五、归纳总结，结束活动

小朋友，这首童谣叫什么名字？我们在学习知识的时候，可不能像童谣里面的小哥哥一样只读书不动脑筋，要多动脑筋多动手，这样才能学到真正的知识，把我们的本领练得棒棒的。

活动延伸

一、集体活动

1. **艺术活动：**手工“我帮阿兄修补书”：创设读书阿兄的书坏了的情境，请幼儿修补图书。

2. **语言活动：**早期阅读《爷爷一定有办法》。

3. **语言活动：**潮汕童谣《挨呀挨》："挨呀挨，挨米来饲鸡；饲鸡叫啯家，饲狗来吠夜。饲猪还人债，饲牛拖犁耙；饲阿弟来落书斋，饲阿妹来雇人骂。"

二、区域活动

1. **器乐表演区：**引导幼儿尝试用打击乐器为童谣伴奏。
2. **角色区：**投放头饰等材料，幼儿扮演角色、表演童谣。
3. **阅读区：**绘本《爷爷一定有办法》《一条聪明的鱼》《爱看书的男孩》等。
4. **美术区：**修补图书。

三、家园合作

1. 亲子诵读童谣。
2. 请家长搜集关于"死读书"的故事，讲给孩子听。

活动亮点

通过生动有趣的故事将"不能死读书"的寓意直观呈现，幼儿在倾听和思考中感悟"读书要多动脑筋、多动手"的道理，避免了教师单一的说教，能获得更佳的活动效果。

资源链接

1. 微课

2. 自编故事：唔诩猫娘共猫牯

嬷嬷家里有个喜欢读书的阿兄，整天都是书不离手，嬷嬷叫他去摘菜，他说："不要，我要读书。"嬷嬷叫他去洗碗，他说："不要，我要读书。"嬷嬷批评阿兄："整天只知道读书，什么事都不帮忙。下次再不帮忙，我可不做饭给你吃。"阿兄听后连连说："下次我一定帮忙，看我的！"有一天，嬷嬷跟阿兄说："我们家的母猫快生小猫了，你快快去抱它回来吃鱼。”阿兄说：“好，我马上就去。”过一会，阿兄就把猫猫抱回来了，嬷嬷看后哭笑不得：“你啊你，真离奇，赶人通日读书诗，做知猫书读一肚，唔讠别猫娘共猫牯。”阿兄以为嬷嬷会表扬他，没想到嬷嬷会这么说，于是，他摸摸头说：“你在说什么啊，我怎么听不懂你的意思？”嬷嬷说：“你一整天都在读书，我还以为你懂很多知识，可是你读了那么多的书，你都分不清母猫和公猫。”

《一只鸡团啯啯呼》中班课程设计

一只鸡团啯啯呼[①]

一只鸡团啯啯呼[②]，走去大路待阿姑；
阿姑有钱唔坐轿[③]，跋到一身尽是涂[④]。
一只鸡团啯啯啼，走去大路待阿姨；
阿姨有钱唔坐轿，跋到一身尽是泥。

【注释】①《精选潮汕方言童谣》第89页。②鸡团：小鸡儿。团 [gian2]：事物的小者。啯：读为 [gog4]。呼 [kou1]：呼禽畜，如“呼鸡呼狗”。③阿姑：姑妈。唔：不。④跋 [buah8]：摔倒。涂 [tou5]：泥巴，泥土。

【押韵】第一章1、2、4句押 [ou]（乌）韵；第二章1、2、4句押 [i]（衣）韵。

设计意图

“富从升斗起，穷因弃小钱”——财富通常都是靠点滴积累起来的，特别是在原始积累阶段，潮汕人深谙“错碎挖胶郎”（将零碎的东西收集起来，凑成整数）的道理，许许多多的潮汕人正是靠着勤俭节约、点滴积累而白手起家的，他们“卖缶食缺，卖草席睡草席蒂（卖瓷器的用缺损的碗吃饭，卖席子的睡卖剩下的烂席子）”，每一分每一厘的成本都不会浪费。

童谣《一只鸡团啯啯呼》看似塑造了“有钱不坐轿子”的小气形象，实则塑造了“花钱花在刀刃上，避免不必要的浪费”的理性形象。通过童谣的学习，引导幼儿理解阿姑、阿姨不舍得坐轿的原因，萌发勤俭节约的美好品质。

活动目标

1. 学习词汇："呼""轿""跋""塗""泥"，理解为什么有钱不坐轿的意思。
2. 能辨别两段童谣的区别，准确诵读童谣。
3. 懂得勤俭节约的道理，感受潮汕人精打细算的良好品质。

活动重难点

1. **重点**：能辨别两段童谣的区别，准确诵读童谣。
2. **难点**：理解阿姑和阿姨为什么有钱不坐轿。

活动准备

小口袋（小鸡、道路、2 名成年女性、泥土、轿子等图片），童谣 PPT，头巾或围巾。

活动过程

一、经验导入，引出童谣

（出示图片）你在哪里见过这种路？晴天的时候，走在路上会发生什么事情？

下雨天的时候，走在路上会发生什么事情？

师：这是一条泥土路。晴天的时候，灰尘很大，走在路上，尘土很容易沾染到鞋子和衣服上，用潮汕话说就是“一身尽是塗”；下雨天的时候，地上有很多泥浆、水洼，走在路上，泥浆很容易溅到鞋子和衣服上，用潮汕话说就是“一身尽是泥”。

二、有感情地诵读，引导幼儿初步感知童谣

1. 用清晰的声音有感情地诵读，问：童谣的名称是什么？童谣里面是谁去等阿姑、阿姨？阿姑、阿姨怎么啦？

2. 再次有感情地诵读童谣，问：童谣里面讲了什么事？

三、理解童谣，感知潮汕人勤俭节约的品质

1. 结合图片，了解词汇“呼”“轿”“踋”“塗”“泥”的意思。

（1）“一只鸡囝啯啯呼（啼）”就是小朋友在呼唤小鸡仔的声音，他们说：“咕咕咕，鸡囝快过来，今日姑姑（阿姨）要来我们家，你跟我一起去等姑姑（阿姨）吧。”

（2）“轿”就是古时候的一种交通工具，就像现在的汽车、摩托车、自行车一样的。

（3）“踋到一身尽是塗”：“踋”不是跌倒的意思，而是说走了很长、很久的路（路途较远），这句童谣说的是姑姑走了很长的路，路上的尘土都跑到姑姑的衣服上、鞋了上了，所以说姑姑全身都是尘土（塗）。

（4）“踋到一身尽是泥”就是阿姨走了很长的路，路上的泥水溅到（喷着）阿姨的衣服上、鞋子上了，所以说阿姨全身都是泥。

2. 结合图片，讲述童谣故事。

今天是个大晴天，姑姑要来了，哥哥很开心，赶紧跑到村口去等姑姑，姑姑来了，哥哥想跑过去抱住姑姑，但他看到姑姑全身都是土，就关心地问：“姑姑，你有钱怎么不坐轿子？这样就不会踋到一身尽是塗了。”过了几天，下雨了，阿姨要来家里玩，哥哥很开心，赶紧跑到村口去等阿姨，阿姨来了，哥哥想跑过去抱住阿姨，但他看到阿姨全身都是泥土，就关心问：“阿姨，你有钱为什么不坐轿子？这样就不会踋到一身尽是泥了。”

提问：①哥哥问姑姑“为什么有钱不坐轿子，跋到一身尽是塗”，姑姑会怎么回答？②哥哥问阿姨“为什么有钱不坐轿子，跋到一身尽是泥”，阿姨会怎么回答？③小朋友们想对姑姑、阿姨说什么？

小结：姑姑和阿姨会回答说：“没关系，没关系，这些泥土扫一扫、洗一洗就干净了。姑姑（阿姨）是有钱坐轿子，但我们要留着做更重要的事情呢，比如建房子。”其实，许许多多的潮汕人跟姑姑和阿姨一样，都是非常辛勤地工作，又十分勤俭节约，不必要花钱的地方，绝不浪费一分一厘。我们要向童谣里的姑姑和阿姨学习，做一个不浪费的好孩子。

四、快乐游戏，学习童谣

1. 找不同。

分别出示PPT，诵读童谣，问：这首童谣有两段，请小朋友找找这两段哪里是一样的，哪里不一样？

出示PPT（两段的图片分列同一页面的左右侧），寻找后诵读童谣。

2. 看图片，读童谣。

教师依次出示童谣图片，幼儿快速读出童谣。

3. 角色表演。

其他幼儿旁白：“一只鸡囝咽咽呼，走去大路待阿姑（姨）。”两名幼儿扮演姑姑、阿姨（戴头巾、围围巾），从远处走过来。

一组幼儿扮演等姑姑、阿姨的小朋友，迎接姑姑、阿姨，关心地问：“阿姑（姨）有钱唔坐轿，跋到一身尽是塗（泥）。”“姑姑（阿姨），我来帮你扫一扫（洗一洗）泥土吧！”

五、归纳总结，结束活动

1. 我们学习了潮汕童谣《一只鸡囝咽咽呼》，老师希望每位小朋友都像童谣里面的阿姑、阿姨一样，做一个不浪费的好孩子。

2. 请小朋友们试试用乐器为童谣伴奏。

活动延伸

一、集体活动

1. **语言活动：**潮汕童谣《小小生理好安家》；古诗《悯农》。
2. **社会活动：**节约，我能行。
3. **艺术活动：**音乐欣赏《勤俭节约歌》。

二、区域活动

1. **音乐区：**投放碰铃、串铃、蛙鸣筒等小乐器，让幼儿自主尝试边诵读边用乐器表演童谣。

2. **阅读区：**绘本《爷爷一定有办法》《怕浪费婆婆》《小鳄鱼省钱记》《小蜡笔头儿》等。

3. **角色区：**童谣情景表演。

4. **游戏区：**抬轿子。

三、家园合作

1. 请家长收集潮汕人民勤俭致富的故事，讲给孩子听。
2. 亲子诵读童谣《一只鸡囝咽咽呼》。

活动亮点

1. 故事情境的创设大大吸引了幼儿的注意，勾起了他们的学习兴趣，结合启发式问题引发幼儿思考，帮助幼儿主动理解童谣的主题。

2. 以图片“找不同”的游戏帮助幼儿直观理解两段童谣的区别，从而快速辨别两段童谣，掌握整首童谣，突出重点，实现活动目标一。

3. 角色表演需要积极回忆童谣内容、提取对童谣内容的理解，重新组合已有的印象进行想象，可令幼儿在角色行为、角色语言、角色关系和角色演绎中，突破难点，实现活动目标三。

资源链接

1. 微课

2. 相关图片

抬轿子

《天顶一园草》中班课程设计

天顶一园草①

天顶一园草，地下人种茏②；
茏下二支灯③，灯下一条龙；
龙下一个窟，一尾红头鲤鱼跳唔出④。

【注释】①《精选潮汕方言童谣》第 61 页。②茏：即茏叶，可和槟榔嚼食。③支：量词，盏。④唔：不。

【押韵】1、2 句押 [ao]（欧）韵；3、4 句押 [êng]（英）韵；5、6 句押 [ug]（熨）韵。

设计意图

中班幼儿已能熟练辨别五官位置和名称，已掌握五官保护的基本知识，童谣《天顶一园草》内容简短有趣、形象直观，是一首关于五官的谜语童谣，每一句分别隐藏一个谜底，依次为头发、眉毛、眼睛、鼻子、嘴巴和舌头，组合起来即是辨别身份的人脸，由零散谜底的部位组合成一个完整的人脸的表现形式，对幼儿来说具有强烈的吸引力和趣

课题组成员根据童谣所述组合而成的“人脸”

味性，通过童谣的学习，能让幼儿感受部分与整体的关系，并感受文学的魅力。

活动目标

1. 理解童谣所隐藏的形象及其自上而下的方位关系。
2. 能猜出每句童谣对应的谜底，并能组合成完整的人脸。
3. 感受多个谜底组合成一个完整的人脸的奇妙魅力，感受猜谜的乐趣。

活动重难点

1. **重点：**流畅地诵读童谣，猜出谜底。
2. **难点：**能猜出每句童谣对应的谜底，并组合成完整的人脸。

活动准备

1. 物质准备：各部位拼图数量与幼儿人数相同，童谣 PPT。
2. 经验准备：认识五官，认识上下的方位关系。

活动过程

一、儿歌导入，引出童谣

1. 集体诵读儿歌《五官》，问：我们的五官长在哪里呀？

2. 老师学了一首非常有趣的潮汕谜语童谣，请你竖起小耳朵，仔细听，看谁能猜出谜底是什么。

二、教师诵读童谣，引导幼儿初步感知童谣

1. 清晰完整地诵读童谣，问：童谣里面有什么？谁能猜出谜底是什么。

2. 再次清晰完整地诵读童谣，问：谜底是什么呢？（请猜出谜底的小朋友悄悄地告诉老师。）

三、结合图片，理解、学习童谣

1. 逐句诵读童谣，依次出示童谣物品图片，随机摆放，问：谜底是什么呢？这些物品需要怎样摆放才正确呢？（提示：①一句童谣要猜身上一个部位。②猜出谜底的幼儿悄悄地告诉老师。）

2. 逐句诵读童谣，引导幼儿理解每一句童谣的顺序所隐藏的方位关系，请小朋友依次自上而下摆放童谣物品图片，问：谜底是什么呢？

3. 公布谜底，结合物品图片，学习诵读童谣。

四、快乐游戏，学习童谣

1. 猜谜游戏：我说你猜。

由教师诵读童谣谜面，幼儿说出谜底。然后互换角色进行猜谜游戏。

2. 拼图游戏：我来读一读、拼一拼。

（1）幼儿边诵读童谣边自行操作拼图。

（2）小组竞赛。以 6 名幼儿为一组，邀请两组的幼儿进行比赛，看谁拼得又快又好，其他幼儿诵读童谣。

五、归纳总结，结束活动

1. 小朋友们不但学会了童谣，拼图也拼得又快又好，真棒！

2. 童谣的名称是什么？谁来读一读、猜一猜？

活动延伸

一、集体活动

1. **健康活动：**户外体育活动“一起闯关吧”。

2. **艺术活动：**音乐律动《我的身体都会响》。

3. **语言活动：**潮汕童谣《头哩浮大包》：“头哩浮大包，颔哩砻臂钩，身像四肚船，双脚染红糟，行哩小娘团样，开嘴大声掰喉。”

二、区域活动

1. **操作区：**童谣拼图游戏。

2. **美工区：**绘画《天顶一园草》。

3. **阅读区：**绘本《哇哦！神奇的五官》《五官的奥秘》《脸，脸，各种各样的脸》等。

三、家园合作

1. 亲子诵读童谣《天顶一园草》。

2. 亲子搜集潮汕谜语童谣，到班级中分享。

活动亮点

1. 本首童谣不仅形象直观，还能让幼儿充分感受到文学的魅力：每一句童谣隐藏一个谜底，多个谜底可组合成一个大谜底。

2. 本首童谣蕴含两个关系：局部与整体的关系、从上至下的方位关系。本次活动充分挖掘了这两个关系，并通过拼图的方式直观呈现，更容易达成活动目标。

3. 拼图游戏的运用令幼儿在操作中探索，在探索中发现抽象的关系，满足了幼儿探究与发现的需求，丰富了幼儿的社会性知识和经验，不仅巩固了童谣的掌握，还促进了幼儿具体形象思维和逻辑思维的发展。

资源链接

1. 儿歌《五官》

这是我的头，谢谢就点头。这是我的眼睛，爱你亮晶晶。这是我的鼻子，嗅出好味道。这是我的嘴巴，对你笑哈哈。这是我的耳朵，听你来唱歌。这是我的下巴，靠近小嘴巴。这是我的笑容，甜甜像糖果。这是我的五官，请你要喜欢。

2. 五官的谜语

高高山上一堆草，密密麻麻长得好，年复一年常整理，黑变白来多变少。（猜一人体器官：头发）

头大尾尖一座山，两个地洞穿山间。如有异物进洞去，一声响炮赶出关。（打一人体器官：鼻子）

大头大，大头都朝下，回家你问人，人人大头都朝下。（打一人体器官：鼻子）

一对烟囱真稀奇，不冲天空冲着地；夏天不冒半点烟，冬天老是喷白气！（打一人体器官：鼻子）

叶子有两片，左右各一边，说话能听着，终生不相见。（打一人体器官：耳朵）

两座房门，只开不闭，鸡鸣狗叫，听得仔细。（打一人体器官：耳朵）

一个住在这边，一个住在那边，说话都能听见，到老也不见面。（打一人体器官：耳朵）

上边草，下边草，中间藏颗黑葡萄，白天开门忙工作，夜晚关门就睡觉。（打一人体器官：眼睛）

早上开门，晚上关门，走近一看，门里有人。（打一人体器官：眼睛）

左右二神仙，住在茅草间，送客千里外，不到大门前。（打一人体器官：眼睛）

城门里城门外，城门里面种白菜。（打一人体器官：嘴巴）

小石碑，几十块，竖在门口分两排，日夜三次大门开，十人两桨划进来。（打一人体器官：嘴巴）

红门楼，白院墙，里面卧个红姑娘。既会说，又会唱，一日三餐用得上。（打一人体器官：嘴巴）

一堵红墙两头窄，能够拦腰两分开，红墙启合话声起，你说奇怪不奇怪。（猜一人体器官：嘴唇）

白门楼，红围墙，里面住个红姑娘，酸甜苦辣她都尝。（猜一人体器官：舌头）

白石洞里架红桥，一头不动一头摇。（猜一人体器官：舌头）

四面不见天，长得很新鲜，虽然不下雨，总是湿绵绵。（猜一人体器官：舌头）

兄弟生来三十多，先生弟弟后生哥，平常事情弟弟办，大事一来请哥哥。（猜一人体器官：牙齿）

上下两队兵，把守在洞门，哪个进城去，打得碎粉粉。（猜一人体器官：牙齿）

3. 五官拼图玩具：换表情变变变

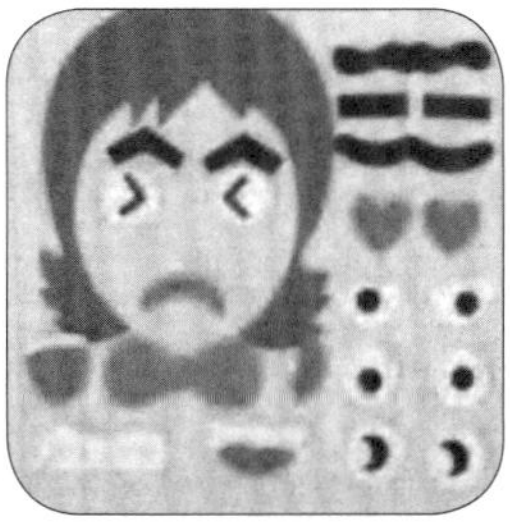

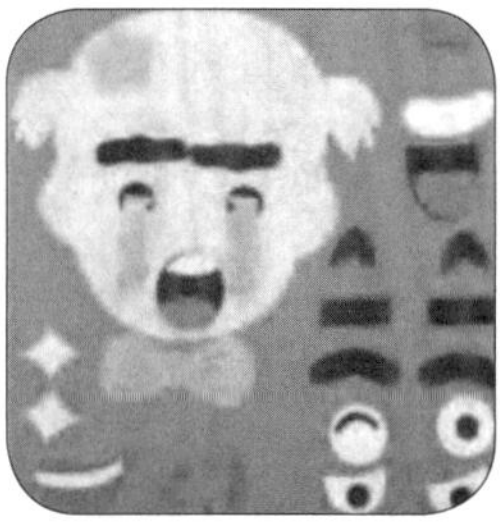

《门脚一丛梨》大班课程设计

门脚一丛梨①

门脚一丛梨②，数来数去三百个；
阮厝阿兄会择姼③，择着个姼无下颏④。
门脚一丛柑，数来数去三百三；
阮厝阿兄会择姼，择着个姼长短脚。

【注释】①《精选潮汕方言童谣》第 107 页。②门脚：门口。脚：训读为 [ka1]。③阮 [uang2]：我们。择 [bhou2]：挑选老婆。姼：俗称妻子。④下颏：下巴。

【押韵】第一章 1、2、4 句押 [ai]（哀）韵；第二章 1、2、4 句押 [an]（嗳）韵。

设计意图

潮汕地区位于广东省与福建省的连接处，其地处中国东南沿海，被称为“省尾国角”，三面背山，一面向海，气候宜人，境内虽有富饶的潮汕平原，但常有台风与地震威胁，而且地少人多，特殊的地理因素培养了潮汕人拼搏、务实、精细、团结等品质。

童谣《门脚一丛梨》好似戏谑一些男性由于过于挑剔、苛求对象而娶到有缺陷的妻子，实则在颂扬阿兄娶妻娶贤、不看重外表的高尚品德。因此，这首童谣集中体现了潮汕人务实的精神品质。通过童谣的学习，帮助幼儿体会潮汕童谣借景（人）寓意的表达方式，懂得不能以貌取人的道理，感受潮汕人务实的精神品质。

活动目标

1. 理解“三百”“三百三”“无下颏”“长短脚”的意思。
2. 能用轻松、赞赏的语气完整地诵读童谣。
3. 懂得不能以貌取人的道理，感受潮汕人务实的精神特质。

活动重难点

1. **重点：**理解童谣的意思，能用轻松、赞赏的语气完整诵读。
2. **难点：**理解不能以貌取人的道理、潮汕人务实的精神特质。

活动准备

童谣 PPT、童谣图片、视频。

活动过程

一、故事导入，激发兴趣，引出童谣

教师生动形象地讲述故事，问：

1. 故事里的阿兄为什么选了一个胖得没下巴、走路有点瘸的姑娘？
2. 你觉得故事里的阿兄怎么样？为什么？
3. 故事里的人们都取笑阿兄，还编了一首童谣送给他，你能说一说是哪首童谣吗？

二、诵读童谣，初步感知童谣

1. 用轻松、赞赏的语气诵读童谣，问：童谣的名称是什么？里面讲了什么事？
2. 演示 PPT，再次诵读童谣，问：你觉得哪一句童谣最有趣？

三、结合 PPT，理解童谣

1. 演示 PPT，理解词汇。

（1）“三百”“三百三”：不是真实的 300 或 330，是说门前的梨树、柑树长了很多梨子、柑子，多到数不了，就用这 300、330 来表示。

（2）“无下颏”也不是没有下巴的意思，而是说一个人胖到脸和脖子长到了一起，就像没有下巴一样。

（3）“长短脚”（播放视频）：就是两条腿一长一短，长短脚走起路来会怎么样？是的，走起路来一瘸一拐。

2. 演示 PPT，理解童谣主题。

（1）阿兄为什么喜欢“无下颏”“长短脚”的人？

（2）你喜欢“无下颏”“长短脚”的人吗，为什么？

小结：“无下颏”“长短脚”是说一个人的外表、长相不好看，但一个人好不好是不能只看外表的，我们要学阿兄一样要看这个人做事勤不勤快、对别人有没有礼貌、有没有主动帮助别人，而不是长得漂不漂亮，就像有些梨子（柑桔）虽然长得不好看，但很甜、很好吃。

四、多种形式，学习童谣

1. 诵读童谣，自由设计动作。提示用轻松、赞赏的语气诵读童谣。

2. 室内游戏：找朋友。

全班幼儿围成圆圈就座，拍手诵读童谣，请一名幼儿扮演阿兄，随着童谣边走边点将，当读到“会择姈”时，点到的小朋友就是“阿兄”的朋友，其他幼儿读“择着个姈无下颏（长短脚）”时两个人抱一抱，交换角色，游戏继续。

五、户外游戏“蒙眼抓人”，自由结束活动

在操场上画一个圆圈，全班幼儿蹲在圆圈内，教师读童谣名称，语音刚落就站起来的幼儿当“阿兄”，蒙上眼睛，其他幼儿围绕着“阿兄”诵读童谣，当读到“会择姈”时，“阿兄”就可以用自己的小手去摸周围的同伴，其他幼儿要四散跑开，读“择着个姈无下颏（长短脚）”时，“阿兄”与抓到的同伴交换角色，如果没有抓到就继续当“阿兄”。

活动延伸

一、集体活动

1. **社会活动：**“优点轰炸机”。

2. **语言活动：**潮汕童谣《蚯蚓叫吱吱》：“蚯蚓叫吱吱，我姐嫁在龙眼边；也有龙眼贪食饱，也有龙眼送厝边。蚯蚓叫同同，我姐嫁在龙眼丛；也有龙眼贪食饱，也有龙眼送亲人。”

3. **艺术活动：**绘画《果实挂满枝》。

4. **语言活动：**故事《斑马的丑朋友》。

二、区域活动

1. **角色区：**过家家。

2. **阅读区：**绘本《乔尼的愿望》《波波熊上学去》《黑猩猩的面包店》等。

3. **建构区：**果园风景好。

4. **科学区：**各种各样的人。

三、家园合作

1. 亲子诵读童谣，请小朋友将“不能以貌取人”的道理讲给爸爸妈妈听。

2. 请家长带领孩子搜集与“门脚”有关的潮汕童谣，并带到幼儿园分享。

活动亮点

1. 童谣改编而成的故事能很好地吸引幼儿的注意力，帮助幼儿更好地理解童谣内容，通过故事和启发式问题，能让幼儿主动思考代替教师的说教，自觉产生“不能以貌取人”的意识，起到事半功倍的效果，达成活动目标。

2. 诵读童谣感受语气的变化，从而更好地把握童谣的主旨；自行设计动作辅助童谣的诵读，能通过动作内化童谣的理解，充分发挥幼儿学习自主性。

3. 室内外游戏的结合与呼应能将活动推向高潮，游戏在“点兵点将”“蒙眼摸人”的基础上增加童谣的成分，玩法简单易掌握，能让幼儿快速掌握玩法和规则之时增强对童谣内容的敏感性，掌握童谣。

资源链接

1. 微课

2. 自编故事：阿兄会择姛

从前，有一个挑剔的阿兄，做事很认真、勤快，家里种了很多梨树、柑树、桃树、龙眼树……每年都能结很多梨子、柑桔……，家里慢慢变得有钱了。很多媒人都来介绍姑娘给他，但他一个也没有看上。大家问他原因，他要么嫌弃姑娘嗓门大，要么嫌弃姑娘爱打扮，要么嫌弃姑娘病恹恹，要么嫌弃姑娘不爱干活……大家听了都摇摇头笑了，悄声地说：“这个阿兄这么会挑老婆，以后是不是得娶个像天仙一样的人儿呢？”

有一天，大家听说他要娶新娘了，都兴冲冲地跑去看，一看都哈哈大笑。原来啊，阿兄娶了个胖得没下巴、走路有点瘸的姑娘，大家都不明白他为什么要娶这个姑娘，纷纷取笑他：“哈……门脚一丛梨，数来数去三百个，阮厝阿兄会择姛，择着个姛无下颏。门脚一丛柑，数来数去三百三，阮厝阿兄会择姛，择着个姛长短脚。”阿兄听后也不生气，乐呵呵地说：“你们别笑我了，我老婆虽然长得不漂亮，但她非常勤快、手脚非常麻利，又很会照顾家里人哩！”大家听他这么说，都不敢再取笑阿兄，还纷纷说阿兄娶了个好老婆。

《凤凰茶》大班课程设计

凤凰茶[1]

茶品由来苦胜甜，苦尽甘来分外香；
茶客但知凤茶好，姑娘掐破玉指尖。
茶品由来苦胜甘，凤凰名茶世无双；
茶客但知凤茶好，须知选丛输单丛[2]。

【注释】①《全本潮汕方言歌谣评注》第 387 页。②选丛输单丛：选丛茶不如单丛茶。选丛：选株采制。单丛：单株采制。

【押韵】第一章 1、2、4 句押 [iam]（淹）、[iang]（央）韵；第二章 1、2、4 句押 [am]（庵）、[ang]（按）韵。

设计意图

有潮汕人的地方就有工夫茶的影子，喝工夫茶是潮汕地区的一种风俗，潮汕人的工夫茶以产自潮州市凤凰镇的茶为最优，凤凰茶历史悠久，源远流长，它的“形美、色翠、香郁、味甘”的特点更是为人们所喜欢。

童谣《凤凰茶》在赞美凤凰茶茶韵幽香和举世无双的同时，也展示了采茶的艰难和茶种的优劣，体现了茶农勤劳认真的工作态度和劳动智慧。通过童谣的学习，引导幼儿学习简洁的文学语言表达凤凰茶的味觉变化，进一步了解茶叶制作过程的艰辛、茶种的优劣，从而萌发关爱劳动者、珍惜劳动者劳动成果的情感和身为潮汕人的自豪感、荣誉感。

春天，茶树葱翠的新芽

喝工夫茶是潮汕人不可或缺的日常行为

潮汕工夫茶具

潮汕工夫茶

活动目标

1. 学习词汇："苦尽甘来""掐破""世无双"，理解"选丛"和"单丛"的区别。
2. 能独立描述喝茶、采茶的感受，在图片的提示下能独立诵读童谣。
3. 体会采茶过程的艰辛和制作茶叶的烦琐，感受茶叶的来之不易。

活动重难点

1. **重点：**理解童谣，在图片的提示下独立诵读童谣。
2. **难点：**理解采茶、制茶过程的艰辛，独立描述喝茶、采茶的感受。

活动准备

1. 经验准备：组织幼儿到茶园中学习采摘茶叶，参观茶叶的制作过程。
2. 物质准备：茶叶、茶具、一次性杯子（与幼儿的数量一致）、视频、童谣 PPT。

活动过程

一、故事引入，理解童谣

老师给小朋友们带来一首童谣，这首童谣藏在一个故事里，小朋友们听听这个故事里讲了一首什么内容的童谣。

二、认真倾听，感知童谣

1．朗诵童谣，引导幼儿初步感知童谣。

我们一起听听卖茶阿哥是怎么读的，小朋友们认真听，我们来跟茶客比赛，看看谁先记住童谣。

2．结合图片朗诵童谣，引导幼儿再次感知童谣。

三、体验活动，学习童谣

1．集体品茶，引导幼儿说出喝茶体会。

卖茶阿哥说小朋友们读得很棒，他想请你们喝茶，请小口小口地喝，也请你说一说“凤凰茶喝起来感觉怎么样”。学习“茶品由来苦胜甜、茶品由来苦胜甘、苦尽甘来分外香”。

2．体验采茶，引导幼儿感受采茶的艰辛。

茶客很想去茶园采茶，我们一起去吧，小朋友们想一想采茶的动作应该怎样做？

（播放视频）学习采茶动作，分发茶叶，现场采摘。“小朋友们采茶辛苦了，采茶姑娘每天都要采很多茶，手指头很容易掐破皮，你们想对采茶姑娘说些什么？”学习“姑娘掐破玉指尖”。

小结：采茶姑娘每天要采很多茶叶，要做很多次采茶动作，手指很容易受伤，我们要感谢辛勤劳作的采茶姑娘，因为她们，我们才能喝到好喝的茶叶。

3．观看视频，了解凤凰茶的制作工序。

（播放视频）茶客问卖茶阿哥：“凤凰茶那么好喝，它的制作过程是怎么样的？”卖茶阿哥说：“来来来，我们来看看凤凰茶是怎么做的。”

小结： 茶叶制作的过程需要 8 道工序（摘茶→晒青→晾青→做青→杀青→揉捻→上筛→烘焙）。每一片茶叶都凝聚了茶农的辛勤劳作，小朋友们要珍惜茶农们的劳动成果哦。

4．结合图片，带领幼儿多形式地朗诵童谣。

茶客买完茶后就要回家了，卖茶阿哥忙说："茶客呀，不知道这首童谣你有没有学会？"茶客说："哎呀，我还没学会呢！"

（1）请小朋友们朗读童谣给茶客听。

（2）请小朋友们教茶客朗读童谣。

（3）请小朋友们跟茶客一起读，看看谁读得最好听。

（4）小朋友们跟茶客比赛，看看谁读得又快又准。

四、归纳总结，结束活动

凤凰茶非常有名，但是每一片茶叶都来之不易，都需要采茶女辛苦采摘、制茶工辛苦做出来，我们要好好珍惜这些来之不易的劳动成果哦。

活动延伸

一、集体活动

1．**艺术活动：** 儿童舞蹈《采茶舞》。

2．**社会领域：** "品茶礼仪美"。

3．**语言领域：** 潮汕童谣《工夫茶》。

二、区域活动

1．**阅读区：** 绘本《春茶》《红茶绘本》《老虎来喝下午茶》《小茶树朵朵的心愿》等。

2．**美工区：** 投放绘画材料，供幼儿绘画采茶、制茶的过程。

3．**操作区：** 投放茶具和茶叶，供幼儿自行体验泡茶的过程。

三、家园合作

1. 亲子泡工夫茶，边品茶边诵读童谣。
2. 请家长带领幼儿搜集凤凰茶的相关知识。

活动亮点

1. 以自编童谣故事为导入，帮助幼儿在欣赏故事中理解童谣的内容。且将故事情境贯穿活动全过程，幼儿既是学习者又是故事中的人物，既在教室中学习童谣，也在故事中感受徜徉茶园的愉悦。

2. 集体品茶活动将茶汤的“苦到甜、苦到甘”的味觉变化直观呈现，幼儿才能将喝茶的体会更好地用语言表达出来。

3. 体验摘茶环节，令幼儿直观感受采茶的艰辛。

资源链接

1. 微课

2. 自编故事：茶客与卖茶阿哥

一个喜欢喝茶的人，我们叫她茶客，她从很远的地方来潮州市凤凰镇，她听说凤凰茶很好喝，想买几斤回家跟家人一起品尝。

卖茶的阿哥看到客人热情地招呼：“客人来了，快进来，请你喝茶。”茶客拿起茶杯喝了一口，卖茶阿哥问：“你觉得喝起来怎么样？”茶客说：“一开始有点苦苦的，过一会儿有点甜，闻起来很香。”卖茶阿哥说：“是呀，我们潮汕有首童谣叫《凤凰茶》，‘茶品由来苦胜甜，苦尽甘来分外香’跟你说的是一个意思的，我们的凤凰茶喝起来先苦后甜、闻起来很香。”茶客说：“凤凰茶果然是好茶，我很喜欢！”卖茶阿哥说：“茶客但知凤茶好，姑娘掐破玉指尖。”茶客很好奇地问道：“‘姑娘掐破玉指尖’是什么意思呀？”卖茶阿哥说：“我们的茶园很大，采茶姑娘每天都要采很多茶，很辛苦的，茶采多了，手指就会破皮。所以茶客只知道凤凰茶很好喝，不知道采茶姑娘在采茶的时候经常掐破手指头。”茶客说：“采茶姑娘真的很辛苦，我要为她们的劳动鼓掌。”

卖茶阿哥说：“来来来，再喝一杯，看看这第二杯喝了有什么感觉。”茶客说：“还是苦苦的，不过这次嘴巴里有点儿回甘，凤凰茶真的很好喝，怪不得这么有名呢！”卖茶阿哥说：“那可不，你说的就是童谣里的‘茶品由来苦胜甘，凤凰名茶世无双’。凤凰茶就是苦过之后会回甘，我们的凤凰茶特别有名，没有一种茶比得上呢！”茶客说：“是是是，我才喝了两杯，就决定要买几斤回家。”卖茶阿哥说：“是呀，喝过凤凰茶的人都说好，只是‘茶客但知凤茶好，须知选丛输单丛’呀！”茶客说：“‘选丛输单丛’又是什么意思呀？我听不太懂。”卖茶阿哥说：“选丛就是茶园里有很多小株的茶树，一起采摘、制作、售卖。单丛就是那种很老很大的茶树，这些茶树很稀少，味道也与众不同，所以从单丛树上采摘的茶叶做出来的茶更好喝、更香，因此，我们常说‘茶客但知凤茶好，须知选丛输单丛’！”茶客说：“原来是这样哦，我现在明白了，你刚才读的童谣可真有趣呀，你能再读一遍吗？”

《潮州姑娘好针工》大班课程设计

潮州姑娘好针工[①]

潮州姑娘好针工，十指尖尖舞银针；
绣出梅花散香味，绣出七女下凡间。
潮州姑娘好针工，十指尖尖舞银针；
绣出大厦成群起[②]，绣出七女下凡间。

【注释】①《全本潮汕方言歌谣评注》第 388 页。②成群起：成片建造。

【押韵】第一章、第二章 1、2、4 句均押 [am]（庵）、[ang]（按）韵。

设计意图

潮绣是潮汕地区的国家级非物质文化遗产，与广绣统称为粤绣。潮绣始于唐代，形成风格于明清，流传于国内及东南亚一带。潮绣有着强烈的地方色彩，构图饱满均衡、金银线镶、托地垫高、针法繁多、纹理清晰、色彩浓艳、装饰性强，尤以富有浮雕效果的垫高绣法独异于其他绣法，绣品常用于剧服、道具、庙宇装饰等，以其精湛刺绣技艺在国内外享

国家级非物质文化遗产潮绣传承人康惠芳

有盛誉。潮绣在20世纪六七十年代发展到鼎盛时期，几乎“家家摆绣框，户户有绣娘”。

童谣《潮州姑娘好针工》描写的是手艺灵巧的潮州绣娘，绣出轻盈淡雅、栩栩如生的绣品。通过童谣的学习使幼儿认识到美丽成果的背后需要付出巨大的努力，一件绣品的完成不仅要靠灵巧的双手，还要有一颗热爱劳动的心和充足的耐心，感受绣娘的心灵手巧并体会劳动的乐趣和获得劳动成果的艰辛，从而产生对劳动者的尊重和喜爱之情。

活动目标

1. 学习词汇“舞”，理解“绣出梅花散香来”“绣出大厦成群起”“绣出七女下凡间”的含义。

2. 能独立区分两段童谣的不同，在图片的提示下完整诵读童谣。

3. 体会绣娘完成刺绣作品的不易，萌发学习潮绣的积极情感。

活动重难点

1. **重点：**学习词汇“舞”，理解“绣出梅花散香来”“绣出大厦成群起”“绣出七女下凡间”的含义。

2. **难点：**感受绣娘完成刺绣的不易，萌发学习潮绣的积极情感。

活动准备

1. 经验准备：父母带领幼儿到潮绣坊参观，体验刺绣工艺。观看关于潮绣的视频。

2. 物质准备：《潮州姑娘好针工》PPT；幼儿安全针、彩色线、无纺布。

活动过程

一、视频导入，引发幼儿兴趣

播放视频，问：视频里面有谁？她在做什么？刺绣可以用来干什么呢？

小结：视频里面有绣娘（绣娘：刺绣的女孩子），她正在刺绣，她用一针一线绣出非常美丽的图案。可以绣出花瓶来观赏，绣出吉祥图案做成礼服、婚服和拜神用的神袍……

二、有感情地诵读童谣，引导幼儿初步感知童谣

1．完整诵读童谣，问：小朋友们，童谣里面有谁，她绣出了什么作品？

2．结合图片完整诵读童谣，问：谁能够用自己的话说说童谣讲了什么内容？

三、多种形式，理解童谣内容

1．结合图片、视频，逐句理解童谣内容。

（播放视频）视频里的绣娘在做什么动作，她的手像在干什么？“舞”就是像潮州刺绣的女孩子拿着银针在布上跳舞。

（出示梅花图片）这是什么？潮州绣娘手艺很灵巧，绣出的梅花看着像真的一样，我们好像能闻到淡淡的梅花香味。

（出示仙女图片）这是什么？有多少个女孩子？潮州绣娘手艺很灵巧，绣出的七个女孩子很美，美得像从天上来到凡间的仙女一样。

（出示大厦图片）这是什么？它们长什么样？潮州绣娘手艺很灵巧，绣出了很多又高又大的楼房，好像很多拔地而起的高楼大厦。

小结：这首童谣讲的是潮州姑娘的手艺特别灵巧，绣出来的梅花、大厦、七仙女看着像真的一样。刺绣是一种手工艺劳动，一件绣品的完成不单单靠灵巧的双手，还需要绣娘付出时间和耐心，我们要好好爱护绣娘的作品哦。

2．游戏“找不同”，巩固对童谣的理解。

（出示图片）请小朋友找出两段童谣的不同之处。

3．结合图片介绍潮绣：潮绣作为粤绣的流派之一，图案严谨色彩瑰丽，运用金

线、银线、绒线结合绣制，垫凸立体感强，富有强烈的装饰效果，非常有名。以前是"家家摆绣框，户户有绣娘"，现在会的人越来越少了，所以潮绣在 2006 年被列为国家级非物质文化遗产。潮州的工夫茶、潮剧、潮州大锣鼓，还有我们现在学习的童谣，都是潮汕地区的非物质文化遗产，我们要认真学习，好好保护它们，要不它们就会消失了。

四、自由表达，迁移童谣经验

1. 绣娘每天都在刺绣，绣出美丽的图案，小朋友们想对绣娘说什么？
2. 有谁跟绣娘一样每天都要辛苦的工作？我们可以怎么做呢？

小结：小朋友们，每一份工作都需要付出辛勤的劳动，每一个付出努力的人都值得我们尊重。我们也要自己的事情自己做，能做的事情帮忙做。

五、体验刺绣，自然结束

如果你是潮州绣娘，你想要绣什么？现在我们来分发刺绣工具，老师相信大家一定会像绣娘一样绣出属于自己的美丽作品。

活动延伸

一、集体活动

1. **语言活动：**创编童谣《潮州姑娘好针工》："潮州姑娘好针工，十指尖尖舞银针；绣出百鸟朝天飞，绣出狗仔跳墙过。潮州姑娘好针工，十指尖尖舞银针；绣出百鸟朝天飞，绣出凤凰山顶绕。"
2. **社会活动：**《潮州刺绣》《潮州抽纱》。
3. **艺术活动：**手工《我的刺绣作品》；美术欣赏《潮州刺绣作品美》。

二、区域活动

1. **美工区：**"我来绣一绣"，放置针线、绣绷、画笔、珠子、布等材料，幼儿自由刺绣。

2. **阅读区**：图书《世界刺绣花样集锦》，以色彩绚丽、风格鲜明的作品激发幼儿的灵感，饱览世界各地刺绣作品的丰富设计，拓宽幼儿的视野。

三、家园合作

亲子诵读童谣，共绣一幅刺绣作品。

活动亮点

1. 运用视频更为直观地了解绣娘灵巧刺绣的场景，并通过绣娘的刺绣动作感知“舞银针”的意思。从而达到理解、掌握词汇“舞”的作用。

2. 理解潮州绣娘以精湛的技艺把作品绣得逼真。以结合刺绣图片的方式将现实中的梅花、大厦、女孩子呈现出来，便于幼儿理解的同时又能让幼儿发现绣娘绣出来的作品像现实中的一样，栩栩如生，从而感知绣娘的辛勤劳作和技艺的精湛。

3. 从图片中找出两段童谣的不同。本首童谣由上下两段构成，两段童谣之间的差别在于第三句，即第一段的“绣出梅花散香来”和第二段的“绣出大厦成群起”。以图片找不同的方式能直观、快速、生动有效地帮助幼儿理解两段童谣的差别，也为延伸活动中幼儿创编童谣做铺垫。

资源链接

1. 微课

2. 相关图片

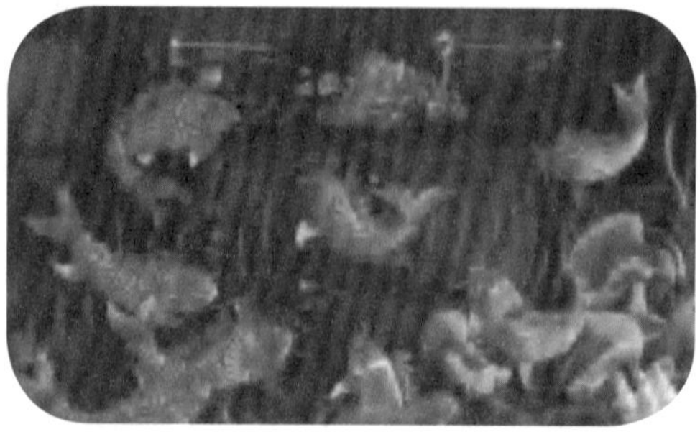

栩栩如生的潮绣作品

省级非物质文化遗产潮绣代表性传承人李淑英

省级非物质文化遗产潮绣代表性传承人祝书琴

国家级非物质文化遗产潮绣代表性传承人康惠芳

《小小生理好安家》大班课程设计

小小生理好安家①

一撮豆囝圆又圆，挨做豆干变做钱②；
人人呾阮生理小③，生理小小好赚钱④。
一撮豆囝青又青，挨做豆干来安家；
人人呾阮生理小，小小生理好安家⑤。

【注释】①《全本潮汕方言歌谣评注》第 203 页。②豆囝：豆子。挨做豆干：用石磨磨（大豆）做成豆腐。挨 [oi1]：推。豆干 [guan1]：即豆腐。③呾：说，讲。阮 [uang2]：“我”的复数，即“我们”。④赚：俗读为 [tang3]。⑤安家：指赚了钱可用于家计。

【押韵】第一章 1、2、4 句押 [in]（丸）韵；第二章 1、2、4 句押 [ê]（哑）韵。

设计意图

由于特殊的地理环境，潮汕有着历史悠久的商贸经济活动，潮商是一支具有世界性影响力的商业群体，他们有着刻苦耐劳、聪慧精明、拼搏进取、诚信重义、前瞻胆略、团结互助、感恩奉献、开拓创新的精神。

童谣《小小生理好安家》讲述了潮汕人相信生意虽小，但只要凭着自己的辛勤劳作和聪明才智，一定能养家糊口、积累财富，就算是一颗小小的豆子也能让生活变得很美好。通过童谣的学习，让幼儿感受潮汕人勤劳致富、吃苦耐劳、愿意从小事做起的优良品质。

活动目标

1. 理解“挨做豆干变做钱、来安家”及“小小生理好赚钱、好安家”的意思。
2. 能独立、准确地诵读童谣。
3. 懂得一颗小小的豆子能让生活变得很美好的道理。

活动重难点

1. **重点：**准确辨别两段童谣的不同，准确诵读童谣。
2. **难点：**理解为什么一颗小小的豆子能让生活变得很美好。

活动准备

1. 经验准备：

（1）家长提前向小朋友介绍豆干的制作方法。

（2）小朋友有去过市场买菜的经验。

（3）带领小朋友们到民俗馆参观，了解豆干的制作工具。

2. 物质准备：

《小小生理好安家》PPT、超轻泥、牛哥和大头弟的手偶。

活动过程

一、故事导入，初步感知童谣

小朋友们，仔细听听牛哥说了什么？

有一天，牛哥开了一辆新车载着豆干去市场卖，“叭叭叭叭”，在路上遇到了大头弟。大头弟很惊讶地问：“牛哥，你一天只卖这小小的豆干，为什么你能买新车、建新房子呢？”牛哥笑了笑说：“一撮豆团圆又圆，挨做豆干变做钱。人人呾阮生理小，生理小小好赚钱。一撮豆团青又青，挨做豆干来安家。人人咀阮生理小，小小生理好安家。”大头弟说：“牛哥，你说得太快，我听不清，能不能再说一遍呢？”牛哥慢慢地说：“一撮豆团圆又圆，挨做豆干变做钱。人人咀阮生理小，生理小小好赚钱。一撮豆团青又青，挨做豆干来安家。人人咀阮生理小，小小生理好安家。”

二、结合图片和视频，学习童谣

1. 出示 PPT，逐句理解童谣。

大头弟听后拍手说：“这首童谣太有趣了，你能不能说说童谣在说什么呀？”牛哥说：“没问题。”

“挨做豆干变做钱”：我把豆子磨成豆浆、做成豆干，拿到市场去卖，豆干卖出去了，客人就会把钱给我，我的豆干就可以变成钱啦。

“生理小小好赚钱”：像我一样只卖豆干的小生意，虽然很小，只要我把豆干做得很好吃，就会有很多客人来买，我也就可以赚到很多钱的。

“挨做豆干来安家”：我把豆子磨成豆浆、做成豆干，拿到市场去卖，豆干卖出去了，客人就会把钱给我，我就能把卖豆干赚的钱给我的家人用啦。

“小小生理好安家”：像我一样只卖豆干的小生意，虽然很小，只要我把豆干做得很好吃，就会有很多客人来买，我卖豆干赚的钱就可以买新车、建新房子，一家人吃得好、住得好、穿得好。

大头弟说：“牛哥，你太棒了，你把一颗颗小小的豆子磨成豆浆，做成豆干，拿到市场去卖，赚到的钱就可以让家里人吃得好、住得好、穿得好。看来这一颗颗小小的豆子也能让我们的生活变得很美好呀！”

2. 了解豆干的制作工序。

大头弟问：“牛哥，豆干是怎样做的？”牛哥说：“我做给你看吧。”

播放豆干制作视频，问：“牛哥的豆干是怎么制作的？”

大头弟说：“豆干的制作需要经过选豆、泡豆、磨豆、过滤豆渣、煮浆、加石膏水、静候 10 分钟变成豆腐脑、放入模型、压榨 30 分钟出水，一块小小的豆干一共要经过九道工序，牛哥，你辛苦了，怪不得有那么多人喜欢吃豆干呢！”

3. 介绍豆干的美食。

牛哥说：“你别看这小小的豆干，它在我们潮汕地区非常有名，有两道小吃就是豆干做的，说不定你还吃过呢？”

播放视频，了解凤凰豆干、普宁豆干。

大头弟点了点头说："对！这两种小吃我都吃过！这两种小吃都是油炸豆干，外酥里嫩，特别美味。凤凰豆干是潮州凤凰镇的特色小吃，夹着薄荷叶（草仔）或蘸辣椒蒜泥醋食用。普宁豆干是揭阳普宁的特色小吃，蘸葱盐水食。"

4. 角色扮演，诵读童谣。

牛哥问："我看你都要流出口水了。我考考你，你还记得这首童谣怎么读吗？"

大头弟挠了挠头说："要不牛哥你再读一遍给我听？"牛哥说："小朋友一起读给大头弟听吧。"

"大头弟，你记住了吗？"

大头弟点了点头说："肯定记得啦！"

牛哥不相信地问："是真的吗？"

大头弟说："不然我们来比赛，看谁读得最好听、最准确！"（把班里幼儿分成两组进行朗读比赛）

"哪位小朋友想来挑战大头弟呀？"（幼儿单独朗读）

大头弟说："从这首童谣中，我们了解到豆干的制作工序是很烦琐的，像牛哥一样的人把一颗颗豆子通过劳动变成一块块富有营养的豆干，我们要珍惜哦。"

三、自由表达，迁移童谣经验

大头弟说："小朋友们，你在这首童谣里学到了什么？""如果遇到了像牛哥一样卖豆干的人，你会对他们说什么？""我们生活中有没有像牛哥一样做着小小生意，却过得很幸福的人？你想对他们说什么？"

牛哥说："即使是生活中普通又细小的东西，通过我们的劳动一样可以把它变成有价值的东西。"

四、动手操作，自然结束活动

大头弟跟牛哥说："牛哥，我也想要赚钱，想要安家，你能不能教我做豆干啊？"

牛哥说："没问题！"

“小朋友们，我们用超轻泥跟大头弟一起学习做出你们心目中的豆干。”

活动延伸

一、集体活动

1. **社会领域**：“潮商真厉害”。
2. **语言活动**：早期阅读《豆腐哥哥，我爱你》。
3. **健康活动**：“豆干营养好”。

二、区域活动

1. **阅读区**：绘本《二十四节气》《豆腐哥哥，我爱你》《一园青菜成了精》等。
2. **角色区**：扮演牛哥、小朋友，进行豆干买卖的游戏。
3. **美工区**：用超轻泥制作豆干。

三、家园合作

1. 亲子诵读童谣，共同用超轻泥制作豆干。
2. 请家长带领幼儿到菜市场购物，重点观察菜市场的老板如何做生意。

活动亮点

1. 以故事贯穿全文。以“牛哥和大头弟”的小故事创设情境贯穿全文，以牛哥、大头弟和小朋友之间的互动将活动推向高潮，不仅使活动生动有趣，也使幼儿在角色扮演中自然学习童谣。

2. 幼儿动手体验制作豆干。用超轻泥制作豆干的动手操作，可让幼儿加深对童谣内容的理解，也可让幼儿体会豆干制作的艰辛。

资源链接

1. 微课

2. 相关知识

豆腐是百姓餐桌上最常见的豆制品，又称水豆腐，多用黄豆、黑豆和花生等富含蛋白质的的豆类制作而成。豆干是豆腐干的简称，是豆腐的再加工制品。在其他地方，豆干和豆腐是两种不同的豆制品，但在潮汕地区，豆腐和豆干统称为豆干。潮汕文人洪潮有咏豆干之作《炸豆干》：“村前路口一摊摊，油热炉红炸豆干。酱辣天寒头冒汗，品尝不论民共官。”可见，油炸豆干在潮汕民众心目中的地位。潮汕地区除了油炸的凤凰豆干和普宁豆干外，还有甜豆干、姑苏香腐和香腐条、香腐粒。

潮汕豆腐

潮汕豆干

凤凰浮豆干

普宁浮豆干

爱国爱乡　知恩图报

惟愿诸君将振兴中华之责任，置之于自身之肩上

祖国是生我养我的地方，国家兴盛，匹夫有责！知恩图报、爱国爱乡作为报效祖国的情感力量，是中华优秀传统文化的积淀，千百年来，国家民族与观念的根的意识已如同血液般流淌在国人的身体里，并产生了无可估量的力量。潮汕童谣反映的内容涉及生活的方方面面，体现了潮汕人独特的文化特征，充分挖掘潮汕童谣中蕴含的爱国爱乡、知恩图报等优良传统，发挥文化凝聚与引领的力量，增强新生代儿童爱国爱乡的深厚感情并乐于为之奉献的崇高情怀，激励后代子孙发奋图强，为中华民族的伟大复兴做出应有的贡献。

《好吃唔甘分》中班课程设计

好吃唔甘分①

一油堆，二油擂，双（三）头尖，四菜粿，
五缚粽，六甜粿，七学包，八酵粿。②
酵粿涂鳅空③，糕粿踏步层④。
乌龟包甜馅，食了免分人⑤；
一块分人哩过少⑥，二块分人哩唔甘⑦。

【注释】①《精选潮汕方言童谣》第 7 页。②油堆 [dui1]、油擂 [lui5]、双头尖等都是各种米制饼食的名称。③涂鳅空 [kang1]：泥鳅洞。指发酵后的糕点上有一个个的小洞。④踏步层 [zang6]：层层的石阶。糕粿一层一层如石阶一样。⑤分 [bung1]：给。⑥哩：与普通话的“却”作用相近。⑦唔甘：不乐意。

设计意图

潮州菜是中国四大菜系、八大菜系之粤菜主干，注重色、味、香、形、器、酱，具有清、淡、鲜、嫩、巧、雅等特色，是潮汕地区享誉海内外的一张名片。潮州小食历史悠久、品种多样，是潮州饮食文化一个重要组成部分，是潮汕人民的日常餐桌或祭拜祖先、神灵的祭品中必不可少的食品，深受海内外潮汕人的热爱和关注。潮州小食粗料精制，基本上都是手工操作，但每道工序却十分讲究，每个品种都十分精致，充分体现了潮州民间世代相传、精湛无比的烹饪技艺。

本首童谣内含十种潮汕地区有名的小食，有些仍流行于日常餐桌上，如油堆、菜粿等，但双头尖、乌龟包却很少见了，在潮汕部分地域用于某个特别节日祭拜神灵的时候才会制作，现在能够制作的人已相当稀少，希望通过本首童谣的学习，让逐渐淡出日常生活的小食能重新被年轻一代所认识，从而萌发保护和传承的积极情感。童谣原名为《拍球歌》，塑造了一个因为粿品太好吃而不舍得与他人分享的小可爱形象，活泼伶俐的形象跃然纸上，充满童趣，故改名为《好吃唔甘分》。

品种丰富的潮汕小食

活动目标

1. 认识童谣里的十种潮州小食，理解“好吃唔甘分”的意思。
2. 能按潮州小食在童谣中出现的顺序准确地吟诵童谣。
3. 感受童谣的童趣：因为粿品太好吃而不舍得与他人分享的可爱形象。

活动重难点

1. **重点**：认识童谣里面的小食及出现的顺序，学会吟诵童谣。
2. **难点**：理解童谣里“食了免分人，一块分人哩过少，二块分人哩唔甘”的意思。

活动准备

1. 经验准备：请家长带领幼儿逛潮州小食街，收集潮州小食的相关资料，开展晨间谈话活动“各种各样的潮州小食”。

2. 物质准备：童谣音频、PPT 各 1 份。

活动过程

一、创设情景，导入童谣，激起幼儿兴趣

上午，小朋友们把爸爸妈妈带我们逛“潮州小食街”的相片贴在展示墙上，还跟其他小朋友分享了在“潮州小食街”看到的各种各样的小食（点赞）。老师也想带小朋友去逛“潮州小食街”，分享老师看到的各种小食，跟我来吧！

二、启发、引导幼儿认识潮州小食

1. 我们来到了“潮州小食街”。（每介绍一种小食，相应呈现对应的 PPT 图片）

第一种是“油堆”，色泽金黄、外酥里嫩。

第二种是“油擂”，又称“落汤钱”“糯米糍”，因为在做的时候需要在蒸熟的糯米粉团中加上食用油，用木棒反复舂捣、旋转，像做擂茶一样，所以叫“油擂”，好吃又有暖脾胃的作用，还寓含吃了就有钱的好意头呢。

第三种是“双头尖”，也叫“尖担”，是农历十月十五潮州民间“五谷母”生日时的主要祭品，一般跟“黍穗”（稻穗）、“大猪粿”一起祭拜，庆祝一年的劳动成果，祈求“五谷母”保佑明年五谷丰登。

第四种是“菜粿”，潮州的菜粿包的菜也是多种多样，可以有萝卜、白菜、韭菜、竹笋……你们喜欢哪一种呢?

第五种是“粽子”，端午节一定会吃到的美食，请小朋友来介绍吧。

第六种是“甜粿”，可以用白糖或红糖来做甜粿，吃起来软软的、甜滋滋的，很好吃。

第七种是“挲罗包”，一个个团成圆圆的包子，好可爱哦。

第八种是“酵粿”，大家仔细瞧瞧（手指酵粿图片），是不是有一个个的小洞？这些小洞洞像泥鳅钻出来似的，我们叫它“酵粿塗鳅空”。

第九种是“糕粿”，你们看：一片片的像什么？哦，像一层层的台阶！是的，我们叫它“糕粿踏步层”。

咦，这种小食像什么呀？是的，像乌龟。这种是“龟仔粿”，里面包着甜甜的馅料，我们叫它“乌龟包甜馅”。潮汕人民希望吃了“龟仔粿”以后，能够像“乌龟”一样长寿、吉祥如意。

2. 演示 PPT（十种小食的图片集中在一页）回忆潮州小食品种和出现的顺序：小朋友们，我们看到了哪几种潮州小食？哪位小朋友能按刚才介绍的顺序说一说？

三、学习童谣，理解童谣“好吃唔甘分”的可爱形象

1. 有感情地诵读童谣，幼儿初步感知童谣。

“潮州小食街”的爷爷把我们刚才看到的十种小食编成了一首童谣，叫《好吃唔甘分》，我们一起来听听吧。

2. 结合图片，再次诵读童谣。

3. 理解童谣意思，迁移童谣经验。

（1）“食了免分人，一块分人哩过少，二块分人哩唔甘”是什么意思啊？

（2）小朋友们，你在什么时候不舍得把好吃的东西分给别人呢？哦，原来在觉得很好吃、很好吃的时候呀！

（3）童谣里的小朋友为什么不舍得跟别人分享呢？哦，原来是潮州小食实在是太好吃了，好吃到都不舍得分给其他人吃啊！

（4）潮州小食确实太好吃了，小朋友都不舍得分给其他人吃，怎么办才好呢？

四、多种形式，吟诵童谣

1. 游戏：“呼唤美食”。

打乱“小食”摆放的图片，请幼儿按顺序叫出名字，“小食”们排排队站好，集体诵读童谣。

2. 主配角共读。

一油堆（一油堆），二油搵（二油搵），双头尖（双头尖），四菜粿（四菜粿），五缚粽（五缚粽），六甜粿（六甜粿），七箬包（七箬包），八酵粿（八酵粿）。

酵粿塗鳅空（过如），糕粿踏步层（趣味）。

乌龟包甜馅（好吃），食了免分人（猛吃猛吃）。

一块分人哩过少（自己吃），二块分人哩唔甘（过好吃，唔甘唔甘）。

五、提出要求，结束活动

我们还可以怎样把童谣读得更有趣呢？请你来试一试、读一读吧！

活动延伸

一、集体活动

1．**语言活动：**童谣仿编《好吃唔甘分（新编）》，可用水果、糖果、潮汕小食等为仿编内容进行再创作，如："一苹果，二香梨，三李子，四香蕉，五葡萄，六木囝，七龙眼，八石榴。石榴过多籽，橄榄核尖尖。杨桃酸又甜，食了免分人；一个分人哩过少，两个分人哩唔甘。"

2．**社会活动：**"潮州小食，我知道"。

3．**艺术活动：**手工"我是小小点心家"。

二、区域活动

1．**角色区：**"我是小导游"，用潮汕方言介绍童谣里的潮州小食。

2．**户外活动：**边拍球边吟诵童谣。

3．**操作区：**"潮州小食，我能做"，投放超轻黏土等材料，动手制作潮州小食。

三、家园合作

1．请家长带领孩子一起搜集潮州小食的资料。

2．亲子诵读本首童谣，并将本首童谣设计成游戏。

活动亮点

1．以情境导入的方式，连接幼儿的生活经验与新内容的学习，可令幼儿更快地产生高涨情绪进入活动之中。潮州小食具有色香味俱全的特点，真实的潮州小食图片有利于调动幼儿的味觉、嗅觉参与活动，结合已有的饮食经验，幼儿能更快地掌握童谣提及的小食名称和顺序。

2．以生活经验来理解童谣里“不舍得分享”的可爱形象，有助于幼儿产生感同身受的情感，能萌发更积极的情绪学习童谣。

3．游戏的运用进一步强化了小食在童谣中出现顺序的记忆，主配角共读的设计可令诵读多样化，更容易激发幼儿的学习兴趣和积极性。

资源链接

1．微课

2．相关图片

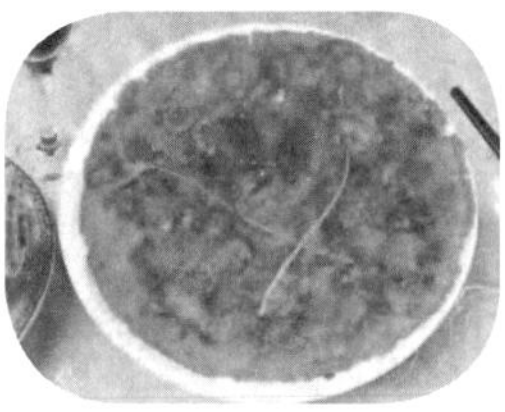

蚝烙，鲜美酥脆

糯米猪肠，甜而香糯

粿汁，米香咸稠

麻枣，麻香酥脆

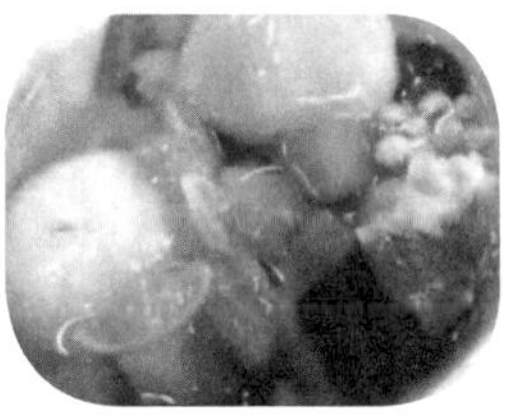

鸭母捻，清香软滑

炒糕粿，外酥香内嫩滑

宝斗饼，松软甜滋

红桃粿，口味多样

油堆，外酥里嫩

落汤钱，香糯黏滑

腐乳饼，甜而不腻

灌“粿条”（沙茶粿），香滑柔软

《南风去了东风来》中班课程设计

南风去了东风来[①]

南风去了东风来，东风来了笑面开[②]；
掠鱼都是东风力[③]，鱼虾满载伊送来[④]。

【注释】①《精选潮汕方言童谣》第 71 页。②笑面：笑脸。③掠鱼：捕鱼。掠 [liah[8]]：捕捉。④伊：它。这里指东风。

【注释】1、2、4 句押 [ai]（哀）韵。

设计意图

潮汕地处粤东沿海地带，“潮之州，大海在其南，群山拥其北”，潮汕三面环山，南面朝海，地势自西北向东南倾斜，地貌上以平原为主，潮汕平原上有韩江、榕江、练江，三江汇聚，土地肥沃。潮汕地区有着超过 500 千米的绵长海岸线，多优良港湾，海洋水产资源特别丰富，主要有龙虾、对虾、石斑鱼、海鳗、牡蛎、海马、泥蚶、紫菜等，在潮汕百姓的餐桌上，鱼是最常见的菜肴，有“无鱼不欢”之说。

本首童谣是指东南季风带来了丰富的海产品，勤劳的渔民感受丰收的喜悦。通过童谣的学习，了解“靠山吃山、靠海吃海”的道理，感受渔民满载而归的喜悦和靠海吃海的乐天性格。

活动目标

1. 学习词汇："鱼虾满载"，理解"掠鱼都是东风力"的意思。
2. 能在图片的提示下，准确读出童谣。
3. 感受渔民满载而归的喜悦和靠海吃海的乐天性格。

活动重难点

1. **重点**：理解"掠鱼都是东风力"的意思，学会有节奏地朗诵童谣。
2. **难点**：感受渔民满载而归的喜悦和靠海吃海的乐天性格。

活动准备

课件 PPT、教学视频、渔网等头饰。

活动过程

一、问题导入，引发幼儿思考

1. 你喜欢吃海鲜吗？你知道海鲜从哪里来的吗？
2. 播放渔民出海捕鱼视频，讲解渔民捕鱼的过程以及渔民收获时开心的心情。

二、倾听教师朗诵童谣，初步感知童谣

我们来学习一首关于捕鱼的潮汕童谣，叫《南风去了东风来》，请小朋友仔细听听童谣里讲了什么？

1. 教师朗诵童谣，问：童谣里讲了什么？
2. 结合 PPT 诵读童谣，问：

①谁来了，渔民伯伯很开心？

②掠鱼都是谁的功劳，为什么？（学习词汇："鱼虾满载"）

三、结合视频、PPT，理解、学习童谣

1. 问：为什么东风来了渔民伯伯很开心？（播放教学视频）教师讲解东南季风及潮汕沿海地区渔民捕鱼受到季风、季节等因素的影响，重点帮助幼儿理解“掠鱼都是东风力”的意思。

2. 出示 PPT，学习童谣。

3. 捕鱼游戏。

（1）东风来了。

请两名幼儿手牵手举至头顶当“渔网”，一名幼儿当“东方”（扮演东风），其他小朋友当水里的鱼儿，“东方”赶着“鱼群”穿过网，边玩游戏边集体诵读童谣，童谣结束时，“渔网”要赶紧捕鱼，捕到的“鱼”将要成为大家餐桌上的“美味”。

（2）我是快乐小渔民。

一名幼儿张开双臂当“渔网”，其他幼儿当鱼虾随东风游动，集体诵读童谣，童谣结束时，“渔网”即可收网，被网住的“鱼虾”结束游戏，坐回座位，其他幼儿继续。

四、回忆童谣，结束活动

1. 今天，我们学习了哪首童谣？

2. 渔民伯伯掠鱼很辛苦的，你想对渔民伯伯说什么？

活动延伸

一、集体活动

1. **健康活动**：户外活动“捕鱼游戏”；鱼儿营养好。

2. **科学活动**：季风，我知道。

3. **艺术活动**：歌唱活动“小鱼游游游”。

4. **语言活动**：潮汕童谣《手网提起啉隆声》：“手网提起啉隆声，抛落深坑鱼就惊；金龙金鲤成双对，惊畏流水无人情。”

二、区域活动

1. **角色区**：将头饰、道具置于角色区供幼儿进行渔民捕鱼的角色表演。

2. **美术区：**海底世界。

3. **建构区：**搭建渔船。

三、家园合作

1. 请家长带领孩子搜集季风等科学知识。

2. 搜集渔民主题的其他潮汕童谣。

活动亮点

1. 东南季风的视频能直观形象地表现抽象的“力”，帮助幼儿更好地理解“掠鱼都是东风力”的意思，也将“鱼虾满载”的场面具体形象化，有利于幼儿更好地理解和掌握童谣。

2. 游戏环节的设计帮助幼儿进一步掌握童谣，感受渔民满载而归的喜悦和靠海吃海的乐天性格。

资源链接

1. 微课

2. 相关图片

辛勤劳作的渔民

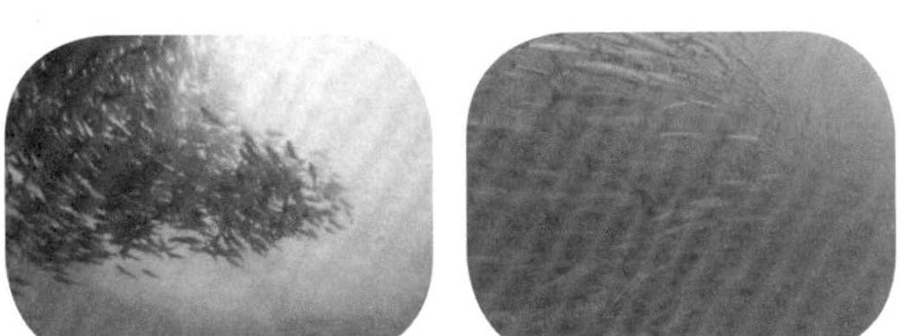

海洋鱼群

潮汕鱼饭

《潮州八景好风流》中班课程设计

潮州八景好风流①

潮州八景好风流，十八梭船廿四洲②；
廿四楼台廿四样，二只鉎牛一只溜③。
潮州八景好踢跎④，十八梭船廿四朵；
廿四楼台廿四样，二只鉎牛一只无。

【注释】①《精选潮汕方言童谣》第 123 页。②十八梭船廿四洲：广济桥江中心没有桥墩，以 18 艘梭形的木船连接为桥。③广济桥上原有两头生铁铸成的牛，潮人叫"鉎 [sên^{1}] 牛"。后来一次发大水，冲走了其中的一头。④踢跎 [tig$^{4\ (8)}$ to^{5}]：玩，游玩。

【注释】第一章 1、2、4 句押 [iu]（忧）韵；第二章 1、2、4 句押 [o]（窝）韵。

设计意图

横跨韩江两岸的湘子桥

潮州湘子桥又称广济桥，位于古城东门外，横跨韩江，联结东西两岸，是潮州八景之一，是潮汕地区著名文物旅游胜地，也是全国重点文物保护单位。湘子桥原有 24 座望桥，东岸桥墩 13 座，西岸桥墩 11 座，由于中段水流急速且深莫能测，不可为墩，中间只能用 18 只梭船并排构成一列横队，用铁索连成浮桥，洪水或要通船，可解掉系船铁索，移开梭船，变成开闭式浮梁桥。这就是“十八梭船廿四洲”的由来。

湘子桥集梁桥、浮桥、拱桥于一体，凝结了古代劳动人民的智慧和血汗，是我国古桥的孤例，以其“十八梭船二十四洲”的独特风格与河北的赵州桥、福建的洛阳桥、北京的卢沟桥并称中国四大古桥，被著名桥梁专家茅以升誉为“世界上最早的启闭式桥梁”。民谣唱曰：“到广不到潮，枉费走一遭；到潮不到桥，白白走一场。”

童谣《潮州八景好风流》是一首吟咏潮州广济桥的歌谣，集中介绍了湘子桥“浮桥、桥亭、桥墩、鉎牛”等建筑结构和“十八梭船廿四洲、廿四楼台廿四样”的桥梁特点。通过本首童谣的学习，引导幼儿了解广济桥（湘子桥）建筑结构和桥梁特点，并在此基础上了解相关的历史传说（第二课时），体验潮汕文化的无穷魅力，从中感受浓浓的家乡文化气息，激发幼儿热爱家乡的美好情感。

活动目标

1. 知道两段童谣分别押 [iu] 韵和 [o] 韵、“好”字分别读第四、三声（潮汕方言音）。理解“好风流”“好踢跎”的意思。

2．能分角色、发音准确地诵读童谣。

3．感受湘子桥的建筑美、自然景色美，萌发热爱家乡的美好情感。

活动重难点

1．**重点：**分角色、发音准确地诵读童谣。

2．**难点：**感受湘子桥的建筑美、自然景色美，萌发热爱家乡的美好情感。

活动准备

1．经验准备：幼儿在家长带领下参观湘子桥，开展科学活动“潮州湘子桥建筑美”。

2．物质准备：童谣 PPT，湘子桥视频。

活动过程

一、经验导入，引出童谣

你是什么时候去参观湘子桥？湘子桥上有什么？你最喜欢湘子桥的什么东西？你在湘子桥上看到了什么景色？

二、欣赏童谣，初步感知童谣

1．教师以欢快的语气诵读童谣，问：童谣的名称是什么？童谣讲的是潮州的哪一个景点？湘子桥上有什么？（强调发准“好风流”的读音）

2．再次诵读童谣，问：童谣有几段，这两段有什么不一样？（强调“好风流”“好踢跎”的发音）

三、结合视频、图片，理解、学习童谣

1．游戏：找不同。

（1）演示童谣 PPT（两段童谣的图片分列于两个页面），两段有区别的字词重音诵读。问：这两段童谣有什么不一样？

（2）演示童谣 PPT（两段童谣的图片列于同个页面），两段有区别的字词重音诵读。问：这两段童谣有什么不一样？

2. 结合图片，逐句理解童谣。

（1）“十八梭船廿四洲（朵）”：广济桥中间的浮桥是由十八只木船连接而成。廿四洲是说湘子桥有二十四个桥墩，让我们来数一数有多少个桥墩。

（2）“廿四楼台廿四样”：在各个桥墩上修建楼台（桥亭），每个楼台（桥亭）都不一样，让我们看看它们都长什么样。

（3）“二只鉎牛一只溜（无）”：广济桥上原来有两头鉎牛，有一次，韩江发大水，其中一头被洪水冲走了，现在就只剩下一只。

（4）为什么说潮州八景好风流（好踢跎）？

3. 结合童谣 PPT（两段童谣的图片列于同个页面），集体诵读童谣。提示：

（1）“好风流”中的“好”读第四声。“好踢跎”中的“好”读第三声。

（2）第一段读准 [iu]（忧）韵、第二段读准 [o]（窝）韵。

四、结合图片，分角色诵读童谣

1. 将全班幼儿分成三组，分别当鉎牛、梭船、桥墩，诵读顺序如：

（共读）潮州八景好风流，

（梭船）十八梭船（桥墩）廿四洲；

（桥墩）廿四楼台廿四样，

（鉎牛，读完后一只要溜走）二只鉎牛一只溜。

（共读）潮州八景好踢跎，

（梭船）十八梭船（桥墩）廿四朵；

（桥墩）廿四楼台廿四样，

（鉎牛，读完后一只要溜走）二只鉎牛一只无。

2. 请多名幼儿分别扮演鉎牛、梭船、桥墩，分角色到集体前诵读童谣。

五、到其他班级巡演，自然结束活动

将幼儿分成与幼儿园班级数量相同的组，确定扮演不同的角色，到各个班级分角色诵读童谣。

活动延伸

一、集体活动

1. **社会活动：**“湘子桥”。

2. **语言活动：**故事《湘桥故事多》，可讲述《仙佛造桥》、“民不能忘坊”等故事。

3. **艺术活动：**美术欣赏《潮州湘桥真美丽》。

4. **健康活动：**体育“小猴子游湘桥”。

二、区域活动

1. **角色区：**“我是小导游”，让幼儿扮演湘子桥的导游，向其他人介绍湘子桥。

2. **美工区：**美丽的湘子桥。

3. **建构区：**搭建湘子桥。

4. **阅读区：**绘本《摇摇晃晃的桥》《桥》《小岛和大桥》等。

三、家园合作

1. 请家长搜集潮州八景中另外七景的童谣。

2. 亲子诵读童谣。

3. 亲子观看介绍湘子桥的视频。

活动亮点

1. 前期知识经验准备充足。在童谣活动前需请家长带领幼儿参观湘子桥，让幼儿在亲身经历的基础上产生具象经验；请幼儿与家长一起搜集湘子桥的资料，在科学活动中分享交流，进一步累积对湘子桥的感性经验。前期经验的准备为童谣学习活动的顺利开展奠定了坚实的基础。

2. “找不同”的游戏可以让幼儿直观地发现两段童谣的区别，分角色诵读童谣可帮助幼儿掌握童谣的具体内容，到其他班级巡演不仅可起到巩固的作用，还可激发幼儿学习的成就感，强化学习动机。

资源链接

1. 微课

2. 潮州湘子桥灯光秀（好看视频）。

《东方出个弥勒佛》中班课程设计

东方出个弥勒佛[①]

东方出个弥勒佛，南方出个观音佛；
错错碎碎木团核[②]，圆滑圆滑龙眼核[③]，
生毛生毛芒果核，头尖尾尖橄榄核，
满面皱纹是桃核，外骨中肉杏仁核，
滑溜滑溜杨桃核。核啊核，滚来滚去全是核。

【注释】①《精选潮汕方言童谣》第 53 页。②错：读为 [cag^4]。木团：番石榴。核 [hug^8]：水果的核儿。③龙眼：白读为 [nêg$^{8\ (4)}$ oin^2]。

【注释】皆押 [ug]（熨）韵。

设计意图

潮汕地区位于广东东部沿海的低纬度地区，面向热带海洋，属南亚热带季风气候。地势自西北向东南倾斜，潮汕平原上河道纵横，土地肥沃，土层深厚，土壤类型多样，降水和水源都较为充足，光热也丰富，十分适宜种植果树或热带经济作物，所以果蔬非常丰富，常见的水果有潮州柑、香蕉、樟林林檎、乌叶荔枝、青山龙眼、大红柿、乌酥杨梅、谷饶乌榄、三棱橄榄、狮头油甘、澳榴、包冬梨、东湖西瓜、竹蔗、草莓等等。潮汕人民还将中草药与普通水果结合起来，成为潮汕甘草水果，深受社会大众的喜爱。

潮汕甘草水果

本首童谣以幼儿感兴趣的《西游记》中“观音佛”“弥勒佛”的形象引出潮汕方言相同读音的水果核，有番石榴、龙眼等七种水果核，用简洁的文字将不同形状的水果核的特征生动形象地描绘出来。通过童谣的学习，引导幼儿探索发现形容水果核特征的四字词汇，感受童谣排韵的趣味性和四字词汇的直观性，萌发进一步探索方言文学的兴趣。

活动目标

1. 学习童谣中七个表现七种水果核外形特征的四字词汇。
2. 能独立、准确读出水果核的形状及在童谣中的顺序。
3. 感受童谣排韵的趣味性和四字词汇的直观性。

活动重难点

1. **重点：**能独立、准确读出水果核的形状及在童谣中的顺序。
2. **难点：**童谣排韵的趣味性和四字词汇的直观性。

活动准备

1. 物质准备：童谣 PPT（佛、水果和水果核的图片）；番石榴、龙眼 / 龙眼核、芒果 / 芒果核、橄榄 / 橄榄核、桃 / 桃核、杏仁 / 杏仁核、杨桃 / 杨桃核等多份水果及核的实物；水果和水果核图片贴纸。

2. 经验准备：吃过童谣中的七种水果，与家长一起收集童谣中七种水果核。

活动过程

一、经验导入，引出童谣

1. 小朋友们，当听到潮汕话说的“[hug8]（核）”时，你会想到什么呢?

2. 请你用自己的话来说一说这些水果核长什么样。

二、有节奏、轻快地诵读童谣，初步感知童谣

1. 有节奏、轻快地诵读童谣，问：童谣里面有什么，讲了几种水果核?

2. 再次诵读童谣，问：童谣用多少个字来形容水果核，有哪些词?

三、结合图片、实物，理解、学习童谣

1. 结合图片，理解童谣第一、二句。

（1）“东方出个弥勒佛”：《西游记》里那个胖胖的、肚子圆圆的、整天笑眯眯的佛是谁？没错，他就是弥勒佛，也有人叫他笑佛，孙悟空叫他“东来佛祖”。

（2）“南方出个观音佛”：南海有一个穿着白色衣服、拿着一个瓶子，孙悟空遇到麻烦的时候总会去找他的佛叫什么？对，他就是南海观世音菩萨，也叫观音佛。

2. 结合神秘小箱子，学习水果核四字词汇的童谣。

弥勒佛和观音佛给小朋友带来了一个神秘礼物，我们一起来看看是什么吧！幼儿摸摸箱子里的核，说一说“感觉什么样”，再拿出来，老师出示水果的图片并读出相对应的童谣。（木团、杨桃宜直接观察）

3. 分组触摸水果核，按出现顺序尝试用四字词汇读出该句童谣。

4. “核呀核，滚来滚去全是核”：将水果核全部集中在一起，让其滚动起来。

四、童谣游戏，进一步理解童谣

1. 自主游戏：滚来滚去都是核。

由教师扮演“佛”读出童谣的第一、二句，全班幼儿扮演各种水果核集体诵读出童谣其余部分，全部读完时，幼儿可随意做尽兴的动作：抱在一起、四散跑开、围成一圈后哄然跑开、滚来滚去……

2. 抱团游戏：核儿找妈妈。

请 14 名幼儿分两组扮演水果核和水果，将贴纸贴在手背上，其他幼儿读童谣，读完每一句，相对应的两名幼儿就得抱在一起并读出该句童谣。

3. 连线游戏：核儿找妈妈。

将水果核和水果图片的位置打乱，请幼儿将水果核与水果用线连起来，读出该句童谣，全部连线完毕后要按顺序完整读出童谣。

五、捉迷藏游戏，自然结束活动

1. 集体回顾童谣内容。

2. 捉迷藏游戏：在户外，请一名幼儿扮演“佛”读出童谣第一、二句，全部幼儿读出其余部分，童谣读完后即找地方藏起来，由扮演“佛”的幼儿去寻找，第一个被找到的小朋友担任下一轮游戏的“佛”。

活动延伸

一、集体活动

1. **语言活动：**童谣仿编《东风出个弥勒佛（新编）》，以其他水果核的特征仿编童谣，如：“东方出个弥勒佛，南方出个观音佛；错错碎碎西瓜核，圆滑圆滑荔枝核。生毛生毛油甘核，头尖尾尖乌榄核。满面皱纹是枣核，外骨中肉地豆核，滑溜滑溜多年核。核啊核，滚来滚去全是核。”

2. **科学活动：**“潮汕水果多又多”。

3. **健康活动：**户外体育“水果核的游戏”。

4. **艺术活动：**绘画《水果核会画画》。

二、区域活动

1. **美工区：**“水果核大作画”，用水果核染上颜料，在纸上滚动成画。

2. **阅读区：**绘本《水果们的晚会》《蔬菜水果的秘密》《水果跑呀跑》等。

3. **科学区：**这是谁的核？

三、家园合作

1. 亲子寻找其他水果，用四字词汇形容水果核的主要特征，仿编童谣。将水果和仿编的童谣带到幼儿园分享、交流。

2. 亲子共读童谣，建议用适宜的动作表现出来。

活动亮点

1. 将水果核实物作为一个完整的感知对象，通过手部的抓握、触摸来感受水果核的光滑、凹凸、柔软、坚硬、黏糊等特征，直观获得水果核特征的感性经验，再辅以形象的四字词汇，能使幼儿的整体知觉与语言联结得以迅速实现，从而快速理解、掌握童谣。活动中触摸实物的学习方式也有利于幼儿感到自己是一个自在的实体，认识到自己是发出动作的主体，并因动作达到预期结果而对自己的能力产生自信心和满足感。

2. 本次活动以游戏作为基本活动形式，通过多个游戏的设计与组织，帮助幼儿对水果核特征和文字的对应关系有着更灵敏的反应，能更快地做出判断反应，在轻松愉悦的氛围中感受童谣排韵的趣味性，快速理解、掌握童谣的内容。

资源链接

1. 微课

2. 相关图片

橄榄

橄榄核

番石榴

龙眼和龙眼核

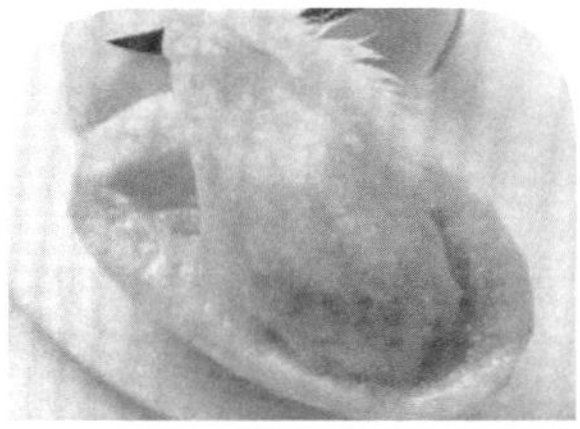

芒果核

桃子和桃核

杨桃

杨桃和杨桃核

荔枝

荔枝和荔枝核

西瓜和西瓜核

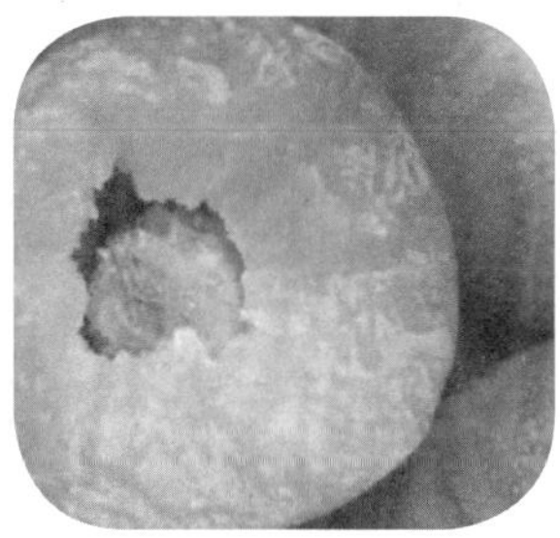

李子和李子核

油甘果和油甘果核

桃金娘（潮汕地区俗称“多年”）

《雨哩大大点》大班课程设计

雨哩大大点①

雨哩大大点②，老猴出来睒③；
睒着包哩烧④，爱食无米票⑤。

【注释】①《精选潮汕方言童谣》第115页。②哩：语气词，舒缓语气。③睒 [iam²]：偷偷地看一下，也作“偷睒”。④包：包子。烧 [sio¹]，潮州口音 [sie¹]，热的。⑤爱食：要吃。无：没有。米票：粮票。

【押韵】1、2句押 [iam]（淹）韵；3、4句押 [io]（腰）韵。

设计意图

20世纪50年代初，战乱创伤未愈，生产力水平低下，物资奇缺，商品流通无序。为缓解部分商品供不应求的矛盾，防止商品“走后门”，保障消费者最低需求，对涉及国计民生的紧缺商品，实行计划定量凭票证供应，票证在当时是非常重要的物品，有“无粮票没饭吃、无布票没衣穿”之说，当时流通的票证主要有粮票、肉票、布票、油票等。

粮票

童谣《雨哩大大点》讲的就是当时

“凭票供应”的消费方式，如果没有粮票连热乎乎的包子都吃不到。本次活动带领幼儿学习这首富含戏谑童趣的儿歌，认识以前人们生活用到的各种粮票，让幼儿感受潮汕童谣的韵律和趣味，引导幼儿理解“有钱莫忘无钱难，饱时要记饿时饥”的道理，感受当今物质生活的丰富和便利，萌发珍惜美好生活的情感。

活动目标

1. 认识粮票等主要票证，理解“爱食无米票”的意思。
2. 能用同情的语调诵读童谣，在诵读的基础上进行角色表演。
3. 感受当今物质生活的丰富和便利，萌发珍惜当今生活的美好情感。

活动重难点

1. **重点：**理解“爱食无米票”的意思，能用同情的语调诵读童谣。
2. **难点：**理解“有钱莫忘无钱难，饱时要记饿时饥”的道理。

活动准备

1. 经验准备：幼儿已有购买物品的生活经验。
2. 物质准备：各种各样粮票的图片、童谣 PPT。

活动过程

一、谈话导入，认识粮票等票证，引出童谣

1.（出示钱的图片）小朋友们，你们去买东西需要带什么呢？（钱）

现在，我们想买什么东西都能买到，以前可没有现在这么方便，可以买的东西很少很少，怎么办呢？人们就做了一种票，票上面写上可以买的数量，去买东西的

时候必须带上票和钱才能买，而且一种票只能买一种东西，例如布票只能买布、米票只能买米。

2.（出示票证的图片）引导幼儿观察欣赏粮票、糖票、布票等。这些票是钱吗？和钱有什么不一样？

今天，我们来学一首跟这些票有关的潮汕童谣。

二、有感情地诵读童谣，引导幼儿初步感知童谣

1. 用清晰响亮的声音诵读童谣，问：童谣里面有谁？

2. 结合PPT，诵读童谣，问：发生了什么事？

三、结合PPT，理解童谣

1. 演示PPT，逐句理解，重点理解："爱食无米票"的意思。

2. 集体边拍节奏边诵读童谣，感受童谣的韵律感。

我们玩一个拍手的小游戏，你与旁边的同伴两两组成一队，我们边（各种花样）拍手边诵读童谣，看谁配合得最好。

四、情境表演，迁移童谣经验，自然结束活动

1. 角色扮演：送米票。

一组幼儿扮演老猴和小猴子，有感情地诵读童谣，其他幼儿拿米票送给童谣里的老猴和小猴子们，让他们去买吃的东西。

2. 迎接客人，我来介绍"今天的生活"。

我们邀请老猴和小猴子们来幼儿园做客，请他们喝茶、吃点心，跟客人讲讲我们的生活！

3. 分组泡茶，吃点心，聊天，自然结束活动。

活动延伸

一、集体活动

1. **社会活动：**祖国的变化大！

2. **艺术活动**：祖国大变样。

3. **健康活动**：我为祖国做贡献。

4. **语言活动**：潮汕童谣《今比旧》，“旧时田地长猫毛，今日田禾似竹篙；旧时下田珠泪滴，今日田里欢笑多。旧时瘖地今变宝，天公不能奈人何；天变地变人亦变，请看农村喜事多”。

二、区域活动

1. **角色表演区**：童谣故事表演，进一步理解“有钱莫忘无钱难，饱时要记饿时饥”的道理，感受当今物质生活的丰富和便利，萌发珍惜美好生活的情感。

2. **操作区**：我来做粮票。

三、家园合作

1. 请爷爷奶奶跟孩子讲讲以前的故事。

2. 请家长和孩子一起观看祖国变化的视频。

活动亮点

1. 扮演角色、情境表演可以让幼儿在无形中感悟“有钱莫忘无钱难，饱时要记饿时饥”的道理，萌发珍惜美好生活的情感，化抽象于幼儿的心理感悟，并用动作和语言表达出来，避免枯燥生硬的说教方式，顺利达成活动目标。

2. 这是一首简短活泼、朗朗上口、富有趣味的童谣，童谣内容带有强烈的历史背景，且粮票等票证是幼儿几乎没有接触过的东西，对幼儿园年轻教师来说也是相对陌生的东西，本首童谣的学习有利于让更多的人了解历史，自觉产生珍惜当下美好生活的积极情感。

资源链接

1. 微课

2. 相关图片

米票

粮票

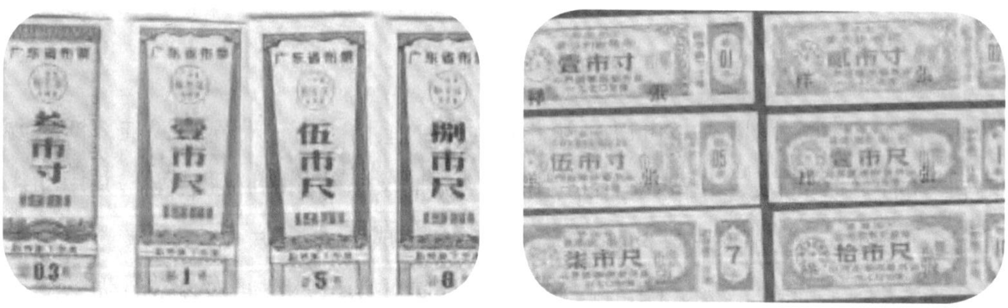

布票

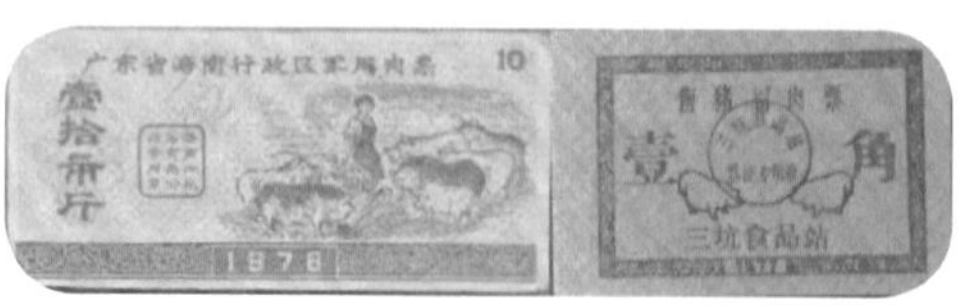

肉票

油票

《畲歌畲嘻嘻》大班课程设计

畲歌畲嘻嘻①

畲歌畲嘻嘻②，我有畲歌一簸箕；
一千八百哩来斗③，一百八十勿磨边④。
畲歌畲嗨嗨⑤，我有畲歌一米筛；
一千八百哩来斗，一百八十勿磨来⑥。

【注释】①《精选潮汕方言歌谣评注》第 3 页。②畲歌：潮人称潮汕方言歌谣为畲歌，可能跟潮州有畲民居住有关。嘻嘻：衬字，无义。③哩：意思是“就”。斗：斗歌。④勿[mai^3]：不要。磨边：走近来。⑤嗨嗨：衬字，无义。⑥磨来：走近来。

【注释】第一章 1、2、4 句押 [i]（衣）韵；第二章 1、2、4 句押 [ai]（哀）韵。

设计意图

“第五届中国畲族民歌节”宣传海报

歌是最温情的抚摸，亦是最坚硬的拳头。潮汕人称潮汕方言歌谣为畲歌，是潮汕先民刀耕火种、艰苦创业、开发山区、努力地与自然做斗争而流传下来的智慧结晶。斗畲歌是一种以潮州歌谣为内容、竞赛气氛颇为紧张的对歌活动，善诵（唱）者赢得大众普遍的赞誉和较高的声望，不善诵（唱）者则遭受种种奚落和戏弄。斗畲歌现场，歌手旗鼓相当，气氛热烈、情绪激昂，是潮汕先民为展示博学多才而乐于参加的一种文化消遣活动。

《畲歌畲嘻嘻》是一首富有潮汕本土意味的潮汕童谣，展现了一个满腹是歌、充满信心的民间歌手的自信形象，他以此首童谣为开篇拉开斗畲歌的序幕。通过童谣的学习，引导幼儿了解斗畲歌的形式，感受满腹是歌、充满信心的民间歌手的自信形象，激起幼儿学习潮汕童谣的斗志和信心。

活动目标

1. 学习词汇："畲歌""斗歌""簸箕""米筛""勿磨边""勿磨来"，理解"一千八百"与"一百八十"的区别。

2. 能以民间歌手的自信状态流利地诵读童谣。

3. 感受本土斗歌活动带来的乐趣，感受民间歌手满腹是歌的自信形象。

活动重难点

1. **重点：**能以民间歌手的自信状态流利地诵读童谣。

2. **难点：**感受民间歌手满腹是歌的自信形象，激发幼儿学习潮汕童谣的斗志。

活动准备

斗歌视频，童谣 PPT，击鼓传"花"道具、打击乐器、节奏强的音乐。

活动过程

一、视频导入，了解斗歌形式，引出童谣

1.（播放视频）视频里的人穿的衣服跟我们有什么不一样？

2. 视频里的人在做什么？这样的"比赛"给你什么样的感觉？

小结：穿着民族衣服的人是生活在文祠镇、凤凰镇的畲族人，他们平时喜欢吟唱我们称为“畲歌”的歌谣，有两个人或两群人在比赛吟唱歌谣，看哪个人最厉害。这就是“斗歌”。

3. 今天，有个畲族小姐姐来到我们幼儿园，想邀请小朋友来斗歌，你们准备好了吗？

二、以自信的语气语调诵读童谣，引导幼儿初步感知童谣

1. 教师扮演畲族小姐姐，以自信的语气、语调诵读童谣，问：童谣的名称是什么？童谣里面有什么数字？

2. 教师再次以自信的语气、语调诵读童谣，问：这首童谣讲了什么事情？

三、结合 PPT，理解、学习童谣

1. 逐句理解童谣，重点解释：“勿磨边”“勿磨来”，“一千八百”与“一百八十”的区别。

（1）“簸箕”“米筛”：都是用来装很多东西的工具，它们的“肚子”很大，可以装很多东西，童谣里的“我有畲歌一簸箕（米筛）”就是“我会很多很多的畲歌，多到得用簸箕和米筛来装”。

（2）“勿磨边”“勿磨来”就是不要走到身边来的意思。

（3）“一千八百”“一百八十”哪个比较多？这两句话的意思是，你如果也会很多很多的畲歌，那就来跟我比一比吧，你要是不会（畲歌），就别来找我比赛斗畲歌哦。

（4）在斗畲歌的比赛中，胜利的人会得到很多人的喜欢，小朋友，我们一起来向畲族小姐姐学习潮汕童谣，学得棒棒的，也去参加斗歌，好不好？

2. 结合 PPT，集体学习诵读童谣。

（1）教师继续以畲族小姐姐的身份教幼儿诵读童谣，引导幼儿以自信的语气和语调诵读童谣。

（2）将幼儿分成两组，各诵读一段童谣，初现斗歌现场。

四、“斗歌”游戏，迁移童谣经验

1. 点兵点将：教师随意点一名幼儿，被点到的幼儿诵读童谣第一段，其他幼儿

作为斗歌对手，集体诵读童谣第二段。

2. 击鼓传“花”。

（1）投放一朵“花”，鼓声结束，拿到“花”的幼儿接受其他幼儿的斗歌挑战，即其他幼儿读童谣第一段，该幼儿诵读童谣第二段。

（2）随着游戏的推进，适当增加其他颜色的“花”及“花”的数量，让拿到不同颜色的“花”的幼儿进行“斗畲歌”，即分别诵读童谣第一、二段。

3. 幼儿分享参加斗歌的心情。

五、畲族小姐姐（教师）提出要求，结束活动

1. 请小朋友回去邀请爸爸妈妈斗畲歌吧。

2. 我们潮汕地区有很多很多的潮汕童谣，希望小朋友努力学习，学会很多的潮汕童谣，我在畲族村等你们来挑战我哦。

活动延伸

一、集体活动

1. **社会活动：**“认识畲族”。

2. **艺术活动：**绘画《我为畲族姐姐设计新衣服》。

3. **语言活动：**（1）谈话“我到畲族姐姐家做客”。（2）潮汕童谣《畲歌畲咳咳》：“畲歌畲咳咳，畲到恁娘眠床前；畲到恁娘无好穿，畲到恁娘穿裤畔。畲歌畲嘻嘻，畲到恁娘眠床墘；畲到恁娘无好穿，畲到恁娘穿库墘。”

二、区域活动

1. **角色区：**投放畲族特色的服装，幼儿可穿上服装进行“斗畲歌”游戏。

2. **语言区：**一起来学潮汕童谣。

3. **美工区：**漂亮的畲族衣服。

三、家园合作

1. 请家长带领幼儿到畲族村参观。

2. 诵读潮汕童谣，亲子斗歌。

3. 请爸爸妈妈与孩子一起收集潮汕童谣，带回幼儿园分享。

活动亮点

1. 教师以畲族小姐姐的身份开展本次活动，营造了一种平等、自由、亲切的氛围，形象化的言语更容易拉近与幼儿之间的心理距离，畲族情境贯穿始终，幼儿自然、自觉学习童谣。

2. 以盛、装物品的图片直观形象地呈现“一千八百”和“一百八十”的差距，帮助幼儿理解抽象的数量概念，掌握童谣。

3. 游戏形式可以改变诵读的单一性，增加诵读的多样化、趣味性和竞赛性，可更好地激励幼儿的学习。

资源链接

1. 微课

2. 相关知识

潮汕人把用方言唱出来的歌谣称为“畲歌”，“斗歌”是潮汕地区曾经流行的休闲娱乐活动，斗歌的序歌部分往往用“五字头”，如云“畲歌畲哩哩，爱唱畲歌行磨边（意为“靠近来”）；一千八百哩来斗，一百几十勿磨边”，又如“畲歌畲唉唉，爱斗畲歌行磨来；一千八百哩来斗，一百几十勿磨来”，接着，歌手们便你一条我一条地“斗”起来，这种斗歌形式是畲族盘诗会的流变和余绪。

后 记

王中在《方言与20世纪中国文学》中提到普通话无形中会使人的语言生活纳入标准秩序严格编码，具有某种抽象性和一般性。方言与人类日常感性的或经验的生活形态紧密相连，具有表达的多种可能性和丰富性，也更具体、自然和个体化。承载着某一区域文化特征的方言，对于丰富民族共同语、传承多彩的民系文化、促进人类文明的健康持续发展均起着非常重要的作用，但在推普政策的推进、大众传媒技术的发展和跨地域社交的需求等背景下，地方方言逐渐呈现式微的态势，《中国青年报》在2012年进行的关于方言使用情况的调查显示，95.9%的受访者认为身边的年轻人普遍有主动或被动放弃说方言的现象，37.1%的受访者认为身边能说地道方言的人数呈递减趋势。作为出生、成长、生活在潮汕方言区域中的我就是一个典型的例子，求学期间，因身边的同学无法听懂我的“饶平音”，我开始放弃说方言而转为说普通话，所以，现在的我无法流畅地用潮汕方言表达我的想法，在与他人交谈时会不时地夹杂普通话，有时还会咨询他人使用的潮汕俗语等词语的含义，在对女儿的教育中也鲜少使用方言的内容，这一现象直到女儿与她外公外婆无法正常交流的时候，我才意识到问题的严重性。缘于此，我有意识地在日常生活中使用方言、看方言研究的书籍，欣喜地发现已有不少学者关注潮汕方言式微的现象并在做保护方言的努力，我也开始思考自己能做些什么。

2016年的春天，韩江畔，在与友人的闲谈中，我将研究方向锁定为潮汕方言童谣的保护与传承。四年弹指一挥间，有磕绊、有不解、有无奈，但更多的是感动，感动于参与调研和课程开发的幼儿园园长和老师们的信任，感动于学前教育等专业学生们的努力，感动于教师指导团队的齐心协力，感动于调研或实践过程中遇到的人和事！

2020年的金秋，东丽湖畔，书稿即将完成，轻舒一口气的同时，感恩之情涌上心头。首先，感谢林朝虹老师的引领，她的研究成果让我得以站在巨人的肩膀上，而且她对我的研究提出了很多富有建设性的建议，让我可以不断前行、走得更稳。感谢普宁市第二幼儿园和潮州市意溪镇中心幼儿园的园长、老师们，他们的信任和包容鞭策着我不断前进。感谢潮州市兰英第一、第二幼儿园和中心幼儿园的园长和老师们，他们认真负责的态度让我感叹。还有，感谢潮州市三区一县众多支持我们调研的幼儿园，他们的信任让我们得以用真实可靠的数据来呈现潮汕童谣在幼儿园开展的真实现状。感谢韩山师范学院教务处的大力支持和广东高等教育出版社钱丹主任的精心校审与宝贵建议，本书才得以顺利出版。最后，感谢家人的包容和支持及所有潮汕童谣大学生志愿者的努力。要感谢的人太多了，无法一一列举，在此一并谢过，感恩生命的相遇与相知！

书稿完成了，忐忑却再次涌上心头，因为深知行文必有纰漏之处，但仍硬着头皮交付，一为纪念这四年多来众人的努力，二亦深切希望方家批评指正，共同为潮汕文化的保护与传承添砖加瓦。

陆宝君

2020 年 10 月于韩山师范学院水岚园